Fritz Holder
Geliebtes Pflaster

FRITZ HOLDER

Geliebtes Pflaster

Eine Jugend
in der Tübinger Altstadt

Verlag Schwäbisches Tagblatt Tübingen

Herausgegeben vom Verlag

SCHWÄBISCHES TAGBLATT GmbH, Tübingen, Uhlandstraße 2

Redaktionelle Betreuung: Dr. Kurt Oesterle

Titelbild: Christian Holder

Herstellung: Technische Abteilung der TAGBLATT GmbH

Druck: Gulde GmbH Tübingen

2. Auflage November 1997

ISBN 3-928011-25-1

INHALT

VORWORT

Das Wort Nachlaß hätte ihm vermutlich nicht gepaßt, zu hochtrabend, zu viel Grattel. Aber es ist nun einmal so: Fritz Holder, unser am 6. September 1996 im Alter von 64 Jahren verstorbener Kollege – von Beruf Journalist, aus Berufung Poet –, hat der Nachwelt eine fast achtzigseitige Erzählung hinterlassen, die kurz vor Weihnachten in seinen Unterlagen entdeckt wurde und hiermit nun als Buch vorgelegt wird. „Geliebtes Pflaster" hat er sie genannt und ihr den Untertitel gegeben: „Eine Jugend in der Tübinger Altstadt." Es ist eine Erzählung aus der Erinnerung, genau bis in die kleinsten Einzelheiten, eben so, wie er die Unterstadt, in der er geboren wurde und aufwuchs, gesehen und geliebt hat. Jenes kleine, verwinkelte Stadtquartier, das Tübingens Ureinwohner, respektvoll „Raupen" oder „Gôgen" genannt, seit alters bewohnen. Fritz Holders „Geliebtes Pflaster" ist unvollendet geblieben. Wenn er im Untertitel sagt, daß es von seiner Jugend handeln solle, dann dürfte er wohl daran gedacht haben, bis etwa in sein zwanzigstes Lebensjahr zu erzählen. Er hätte also wohl auch seine bewegte Tübinger Nachkriegszeit – die bereits in seinen Gedichtbänden „Raupeviertel" und „Gôgemusik" vielfach aufblitzt – hier in epischer Form ausgebreitet. Holder, Jahrgang 1932, erreichte mit seiner Geschichte, mehr Zeit ließ der Tod ihm nicht, das Jahr 1938. Soll man sagen „nur", soll man sagen „immerhin"? Er kam jedenfalls ziemlich genau bis zu jener von den Nazis zu ihren Zwecken mißbrauchten Maifeier, die der Sechsjährige gleichsam aus der Dreikäsehoch-Perspektive erlebte und unter der die nicht-braunen Unterstädter, etwa Holders Vater „Stane", zu leiden hatten.

23 Kapitel von unterschiedlicher Länge hat er zu Ende schreiben können, beim 24. mußte er abbrechen. Seine letzten beiden Sätze lauten: „Hoch auf dem Wagen mit Heu... Sommerzeit. Schneiders spannen die Pferde ein." Daß gerade dieses Bild mit dem Pferdefuhrwerk ihm unfreiwillig zum Schlußbild wurde, berührt tief; denn wie ähnlich

heißt es doch schon in Fritz Holders Todesgedicht „Herbst em Stadt-friedhof". „Doch sei's noh om a Weile / kommts Fuhrwerk mit am Gäule - / ond du leischt ao dabei …"

Christian Holder, sein Sohn, hat berichtet, wie schmerzlich es für Fritz Holder noch kurz vor seinem Tod war, das „Geliebte Pflaster" nicht vollenden zu können – als Idee habe er dieses Buch wohl schon runde fünfzehn Jahre in sich getragen. Holder junior ist über Jahre mit seinem Vater bei Lesungen und Liederabenden aufgetreten, hat zweistimmig mit ihm rezitiert, ihn musikalisch begleitet und im übrigen auch seine Bücher illustriert; für das vorliegende hat er das Titelbild und die Großbuchstaben an den Kapitelanfängen gezeichnet. Die raren und hier zum Teil erstmals veröffentlichten Fotos, die Fritz Holders Geschichte beigesellt sind, hat freundlicherweise das Tübinger Stadtarchiv zur Verfügung gestellt, andere Bilder stammen aus dem Holderschen Familienalbum.

Fritz Holder konnte seiner lyrischen und erzählerischen Neigung erst den fälligen Tribut entrichten, als er in Rente war. Er wußte zu diesem Zeitpunkt ein erschöpfendes Berufsleben von 35 Jahren hinter sich, das ihn indessen nicht ausgebrannt hatte – das phantasievoll-frische Alterswerk beweist es. Holder besuchte als Kind das „Raupengymnasium" Uhlandschule, lernte anschließend den Beruf des Schriftsetzers und übte ihn vierzehn Jahre lang aus. 1959 wechselte er das Metier und wurde Journalist. Dieser Wechsel wurde von ihm mit so raupenräsem Humor angebahnt, daß er in die Firmenannalen von Holders zukünftigem Arbeitgeber eingegangen ist. Es war das SCHWÄBISCHE TAG-BLATT, dem der 27jährige einen Brief von ganz eigenem Witz und Selbstbewußtsein schrieb: „Sehr geehrte Herren, hiermit stelle ich mich hintenan an die Schlange der Bewerber einer Stelle als Redaktionsvolontär. Trotz des bei mir fehlenden Abiturs wage ich es, mich um diese Stelle zu bemühen, da ich glaube, eine ausreichende (autodidaktisch angeeignete) Allgemeinbildung und ausreichendes Allgemeinwissen zu besitzen, wenn ich auch nicht mit humanistischer Vorzugsmilch systematisch genährt wurde. Vielleicht darf ich sogar eine gewisse stille

Liebe zum Beruf des Redakteurs geltend machen. Ihrer präzisen Forderung nach Charakterfestigkeit würde ich wahrscheinlich genügen, da ich katholisch bin." Er wurde genommen, man konnte bei solchem Charme ja gar nicht anders. Und er blieb, als Redakteur der Rottenburger TAGBLATT-Redaktion, ein ganzes prall gefülltes Berufsleben lang. Doch verspürte er in der nahen Bischofsstadt nach eigenen Worten bisweilen „ein saumäßiges Heimweh nach der Tübinger Altstadt".

Ende Dezember 1995, ein Dreivierteljahr vor seinem Tod, stieg Fritz Holder aus der Tübinger Weststadt zuerst den Zwehrenbühl und dann den Hasenbühl hinauf in Richtung Steinenberg. Er war sehr schweigsam, schaute hierhin, horchte dorthin. Bisweilen schien er auch hellwach in sich selbst hineinzufühlen: Was spricht die Erinnerung? Hat sie etwas zu sagen? Gibt sie Zeichen? Er befand sich auf dem Weg zu einem alten Steinbruch, der früher eine überragende Rolle für ihn und seine Freunde aus der Unterstadt gespielt hatte. Jetzt suchte er ihn nach vielen Jahren wieder einmal auf, um dort Lokaltermin mit dem eigenen Gedächtnis zu halten. Er erhoffte sich Bilder, Einfälle und gute Ideen, um daheim mit seiner Erzählung voranzukommen, einem Erinnerungsbuch über seine Kindheit und Jugend in der Tübinger Altstadt, dessen Titel noch Geheimnis bleiben sollte.

Von der Steinbruchklippe aus spähte er unter dem Augen-Handschild hinab auf das alte Quartier – und gleichsam auch auf die selbstgestellte Aufgabe, all die Seinen heraufzubeschwören: den Vater „Stane" und den Weingärtner Karle Kost, die wunderliche Nille-Gret und die streitbare Jungfer Karlene mit ihren Geißen, den allzeit Tiere und Kinder rettenden Schmied Böbel aus der Ammergaß. Außerdem aber die vielen Namenlosen, die in seinem Gedächtnis nur als arme Schatten herumspukten und die doch auch fortleben wollten in der Erinnerung.

Dann die Wörter, die es wiederzuerwecken galt: „Haipfelziech", „Barn" oder „Trense" etwa, alte, verschollene und vergessene Wörter. Sämtliche Texte Fritz Holders sind ja immer auch Altersasyle für ausgebrauchte und davongejagte Wörter, egal ob sie im Dialekt oder in der Hochsprache gedient haben. Auch Spruchweisheiten, Anekdoten und

Gôgenbonmots würde er heraufrufen und festhalten müssen. So sagte er auf seinem Ausguck über dem Steinbruch. Da schwindelte ihn ein bißchen, denn es war viel, was er sich vorgenommen hatte. Doch nichts durfte vergessen werden. Halb bereute er schon, seinen Freunden und Bekannten aus der Unterstadt bereits von seinem Vorhaben berichtet zu haben. „Jetzt zieget se an dr wie mit Strick'!" sagte er. Es stimmte ihn unwillig, gedrängt zu werden.

Andererseits wurde ihm dadurch aber nur noch klarer, daß er auf keinen Fall für sich allein schrieb. Er würde also das Fritzle, den kleinen Helden seiner Geschichte, so anlegen müssen, daß es sich für die anderen immer miterinnerte, daß es nie ausschließlich sich selbst zugewandt war, sondern immer der Welt und den Menschen – als deren wieselflinker Erinnerungs-Scout. So konnte er vielleicht allen gerecht werden. Auch den Toten. Ihnen ganz besonders. Denn die Erinnerung ist das einzige Geschenk, das wir den Toten noch machen können. Dafür lohnt die Mühe immer, das wußte er felsenfest im alten Steinbruch der Kindheit.

Wie hieß es einst in einem Prosatext Fritz Holders? Das „Sprechenkönnen" sei der innigste, drängendste Wunsch der Toten. Das gilt jetzt auch für ihn selbst.   *Kurt Oesterle*

Meinen Eltern und Freunden,
den alten Unterstädtlern
und allen eingeborenen Tübingern

„Nichts ist erregender als die Wahrheit" (Egon Erwin Kisch).
Was zwischen den zwei Buchdeckeln geschrieben steht,
ist nicht erfunden. Das Leben in der Tübinger Altstadt war so.
Ähnlichkeiten mit toten oder noch lebenden Personen
sind beabsichtigt und werden hoffentlich erkannt.

1

GLATT VERLOGEN
ODER DER EINSTIEG IN DIE UNTERE STADT

as windschiefe Ofenrohr mit dem runden Blechkäpple auf der Mündung rauchte wie die Backsteinschlote der Ziegelhütte am Käsenbach. Schon in aller Herrgottsfrühe hatte die Sofie vom Kleinen Ämmerle zersägte alte Wengertpfähle aus dem Schopf geholt und den Waschkessel auf der Gasse angeheizt. Nach drei Tagen Bindfadenregen war die Welt wieder hell und blank. Der Wettergockel auf dem Stiftskirchenturm äugte an dem heiteren Morgen neugierig in die Unterstadt hinab und zeigte denen jenseits des Neckars seinen goldenen Sichelschwanz. „So, guete Morge, dent'r wäsche?", grüßte unterm Kopftuch hervor eine Gemüsehändlerin, die ihren Schubkarren mit feisten Salathäuptle pressant vorbeideichselte. Es war Markttag. Aus dem Karrengäßle kam aufrecht wie eine Tanne eine Frau in blaulechter Kittelschürze, unter jedem Arm ein Schaubkrättle aus Stroh mit Brotteig. Dazu balancierte sie noch einen Backkorb auf einem ringförmigen Bäuschle auf dem Kopf. Beim Beck Wagner in der Bachgasse wollte sie ihre Laibe einschießen lassen. „So, send'r scho fleißig?", sagte die Bäckerin zur Wäscherin.
In der ländlichen Altstadt begegnete man sich wie auf dem Dorf. Im Grüßen lag auch Teilnahme am Leben, Befinden und Tun der Nachbarn. „So, au scho uff?" oder „hent'r ausgschlofe?", hieß es morgens, „guet Nacht ond gsond!" am Abend. „So kommst?", sagte man zu einem, den man unterwegs traf, „witt ao naus?" zu einem, der aufs Feld ging. „Haut's?", wurde der Grasmäher gefragt, „hent'r scho uffglade?" der Garbenholer, „geit's guet aus?" der Drescher. „Vergesset ao 's Vespere ett!", erinnerte man die Feldleute oder Handwerker an die Pause, „machet ao Feierobed!", wurde abends wohlgesonnen geraten. Grüße

im Vorbeigehen an schaffende Leute bezogen sich direkt auf die Arbeit, die gerade getan wurde: „So, send'r en de Grombiere?", wurde den Kartoffelklaubern zugerufen, „bisch beim Holzspalte?", war der Gruß für einen, der vor dem Haus seine Kloben mit dem Beil zerhackte.

Die Sofie im Kleinen Ämmerle legte nocheinmal nach, damit die grobe Wäsche im Kessel am Kochen blieb. Das zweite Holz muß feucht gewesen sein, denn der Qualm aus dem betagten Ofenrohr, das am Krümmer ein Rostloch hatte, zugestopft mit einem alten Waschlappen, vernebelte jetzt die halbe Gasse. „Hosch deine Lompe bald g'wäsche, m'r sieht jo d'Hand vor de Auge nemme!", schimpfte eine Nachbarin wegen des Qualms aus dem gassenseitigen Stubenfenster. „Mach doch deine dreckete Läde zue!", gab die Heizerin zurück und rührte mit der Wäschegabel in ihrem grauen Kernseifesud. In den nächsten Tagen würden sich die zwei kein gutes Wort mehr geben.

Daß sie in der unteren Stadt nur grantig, holzköpfig und händelsüchtig waren, ist eine Legende und glatt verlogen. Sie konnten auch lachen. Vor allem über andere. Und ganz besonders auf Kosten von Leuten, die

So hat es wohl auch noch in den dreißiger Jahren ausgesehen: das Kleine Ämmerle auf einem Bild von der Jahrhundertwende.

außerhalb des Quartiers hausten. Es kam vor, daß sich die Weibsleut in der Altstadt schäbs lachten. Aus Schadenfreude, die auch um die Ammer herum die schönste Freude war. „Was witt au vo' so oinere verlange", sagte die Anna Beckert von der Madergasse. Daß das einer vom Österberg passiert war, die sich mit „Frau Professor" anreden ließ, obwohl den Titel nur ihr Mann trug, machte die Geschichte um so pikanter. Wie sie herausgekommen und den Weg in die Altstadtgassen gefunden hatte, war ein Geheimnis.

Die „Professere", die sonst ein Dienstmädchen herumkommandierte wie der Feldwebel die Rekruten in der Hindenburgkaserne, sollte Kaffeebesuch bekommen, aber das warf Probleme auf, denn die brave Dienstmagd aus Derendingen war ihr von einer Stunde zur anderen nicht grundlos davongelaufen. Sie hatte endlich genug gehabt von der ewigen Kuranzerei. So versuchte die Gnädigste, was sie noch nie in ihrem Leben versucht hatte, nämlich einen Zwetschgenkuchen zu backen. Dank Luise Haarers Kochbuch, das fast noch wie neu aussah, gelang die Beerte auch einigermaßen. Zuletzt wollte die Madame den Kuchen noch mit Zucker bestreuen, erwischte in ihrer Nervosität aber die Salzbüchse. Als sie es merkte, war es zu spät. Einer höheren Eingebung folgend, griff die Gute zum Staubsauger, um das Salz von den Zwetschgen zu entfernen. Der Sauger muß ein gutes Modell gewesen sein, denn er holte mit dem Salz auch gleich die Zwetschgen ins Rohr, hinterließ einen blanken Kuchenboden und eine „Frau Professor" am Rande der Ohnmacht.

„Dees hätt en d'Zeitung ghört", meinte die großrahmige Martha Kost zur Taglöhnerswitwe Philomena Waiblinger vor ihrem Haus unweit der Spitalkirche, und scheuchte mit einem scharfen „Haust du ab!" die Katze von der gestreiften Zudecke aus einer alten Haipfelziech, unter der in einem Kinderwägele mit Klappverdeck aus Wachstuch ihr Albertle schlief. Es war erst sieben Wochen alt, seine dünnen Haare schimmerten wie die des Vaters ins Rötliche. „Zwetschgeärschle", nannte die Martha ihren Sprößling liebevoll. Sie war durchaus zu Zärtlichkeiten fähig. Auch wenn sie nicht so aussah.

2

ZWISCHEN KASTEN UND KOMMODE

Der Nachwuchs für die gepflasterte untere Stadt schlich sich nicht in der geteerten Schleichstraße ins Leben. Er kam nicht im äthergeschwängerten Kreißsaal der Frauenklinik drüben über der Ammer auf der hellen Höhe hinter dem Botanischen Garten zur Welt. Die Altstadtküken schlüpften dort aus, wo sie gezeugt worden waren, in der elterlichen Bettstatt zwischen Kleiderkasten und Wäschkrätten, Nachttischle und Kommode. Die Schlafstuben in der Unterstadt hatten vielfach das gleiche Gesicht, unterschieden sich höchstens wie Hahn und Henne. Wo es ein bißchen nobler zuging, zählte ein Waschtisch mit Marmorplatte und Spiegel zur Ausstattung. Auf dem geäderten Stein standen behäbig Schüssel und Krug aus Email oder Porzellan mit bescheidenen Verzierungen. Zur Seite lagen eine geriffelte Seifenschale mit einem ungebrauchten Lavendelstück und eine ovale Haarbürste, in deren schwarzem Borstenrasen ein handgesägter Kamm mit groben und feinen Zinken steckte.

Das Toilettengeschirr setzte gerne Staub an. Es war mehr Dekoration als täglicher Gebrauchsgegenstand. Die Familie wusch sich wochentags ohne Umstände am Schüttstein in der Küche, und samstags wurde gründlich mit der Wurzelbürste im Zuber gebadet – so Platz war, einen aufzustellen, ohne daß der Küchentisch in den Öhrn mußte. Das Waschlavoir im Schlafgemach wurde meist nur gefüllt, wenn ein Kind mit Fieber im Bett lag, und die Mutter ihm naßkalte Essigumschläge um die Waden machte oder der Hausdoktor nach der Visite die Hände waschen wollte. Am wichtigsten war die Gerätschaft, wenn die Hebamme kam.

„I glaub, 's isch soweit", lautete in allen Häusern gleich die elektrisierende Ankündigung, die Väter wie der Witsch in die Stiefel hinein-

brachte. War es Zeit für die Hebamme, schellte man sie selber mit
der Haustürglocke aus der Wohnung. Das war der schnellste Weg.
Wer hatte schon einen Telefonap-
parat? Zu einem Häuschen zu laufen, um die Geburtshelferin zu alar-
mieren, wäre vertane Zeit gewesen,
wo in der ganzen Stadt nur fünf
Münzfernsprecher installiert waren.
Werdende Väter hätten erst zum
Rathaus oder zur Stadtpost in der
Neuen Straße springen müssen.
In der Altstadt praktizierten drei
Wehmütter. Das waren die stum-
penrauchende Babette Beckert in
der Grabenstraße, die unzimperli-
che Berta Häusler am Holzmarkt
und die herzensgute Emma Scheel

Fritz Holders Bachgasse, links das Schild
des elterlichen Milchladens. Als dieses Bild
1935 gemacht wurde, war der kleine Fritz
drei Jahre alt. Bild: Walter Kleinfeldt

in der Burgsteige. Sie soll später an einer Grippe gestorben sein, die sie
unterwegs gefangen hatte. Wenn es am dransten war, ganz arg pressierte, holten die Geburtshelferinnen das Fahrrad aus dem Hausgang,
klemmten das Hebammenköfferle fest, und waren so schnell wie Kom-
mandant Paul Brauns Feuerwehr am Platz, an dem ein Kind darauf
brannte, endlich das Licht der Gôgei zu erblicken und ihre rauhe Luft
zu atmen. Auch der bodenständige Dr. med. Fritz Schwägerle aus der
Gartenstraße wurde zu Hausgeburten alarmiert. Man schätzte an ihm,
daß er ein guter „Handwerker" war. Ob die Kindle, die er ans Tageslicht
lupfte, nun ehelichen oder unehelichen Ursprungs waren, war ihm egal.
„Hauptsach' gsond!" Der „Raupendoktor" trug mit Vorliebe Knicker-
bocker-Hosen und zog gerne an einer dunklen Virginia mit Röhrle. Er
kurvte auf einem Motorrad durchs verwinkelte Revier, später schützte
ihn auf den Visitefahrten ein DKW-Zweitakter vor Wind und Regen.

Wuselten schon Kinder herum, wurden ihnen Mutters Wehen als Krankheit beschrieben: „Ihr könnet jetzt et zue ihr 'nei". Nahte die Stunde der Niederkunft bei Tag, schickte man die Geschwister zum Spielen auf die Gasse, doch sie merkten gut, daß da etwas Besonderes im Gang war. War es Nacht, erwachten sie von Türenschlagen und Wasserrauschen, von Geklapper und eiligen Schritten auf knarrenden Dielen, und sie horchten ängstlich auf den unheimlichen Umtrieb im Haus. Lag dann zu seiner Zeit das neue Kind, von der Hebamme gebadet und in frischgedämpfte Windeln gewickelt, neben der bleichbackigen Wöchnerin im Bett, wurden die andern wie zur Bescherung hereingerufen. „Ihr hend a Brüderle kriegt", wurde ihnen verkündet, oder: „Ihr hend a Schwesterle kriegt", je nachdem. Eine Tante mit haarnadelgespicktem Nest am Hinterkopf erzählte vielleicht etwas vom Storch, wobei sich die Kinder wunderten, wie schnell das mit der Bestellung des kleinen Kegels gegangen war, nachdem sie geschickt gefragt worden waren, ob sie nicht ein Geschwisterle haben wollten. Hatten sie nicht erst vor einer Woche einen Würfelzucker für den Storch auf den Fenstersims gelegt? Daß der Zuwachs aus dem Bauch der Mutter gekommen war, wußten sie noch nicht, geschweige denn, wie er hineingekommen. Aber das zu erfahren, hatte ja auch noch Zeit.

Nach dem Ereignis ging es fröhlich auf die Gasse. Der Karle und die Lisbeth, der Heiner und die Hedwig mußten doch mitkriegen, was sich zugetragen hatte. Tante Anna oder Base Rosa, rechtzeitig benachrichtigt und als unentbehrliche Hilfe im Haus, setzte derweil auf dem Holzherd ein Pfund Rindfleisch vom Metzger Memminger zu einer Brühe für die Wöchnerin auf, schließlich hieß es nicht umsonst: „A' Brüehle goht über a' Rüehle." Bald wußte die Straße und das ganze Karree, daß die Berta, Elsa oder Lina eines Buben oder Mädle genesen war. Geburtsanzeigen erübrigten sich in der Altstadt. Diesen neumodischen Brauch überließ man denen vom Österberg oder Rotbad. Das Mundradio in der unteren Stadt war sowieso schneller als die Zeitung, und es lieferte auch gleich die Kommentare mit: „Was, scho' wieder a' Jongs, dui hot doch scho' drei Burscht!"

18

3

In das verzweigte Geäder

So wurde man denn hineingeboren in das verzweigte Geäder der vielfach trottoirlosen Gassen und Sträßlein, die das Gewirr von Häusern und Schöpfen, Ställen und Werkstätten in Quartiere unterschiedlichen Charakters teilte. Ebene Wege waren selten. Tiefgründiges, von derben Nagelschuhen, eisernen Wagenreifen und stahlharten Hufeisen geschliffenes Pflaster mit flachen Kandeln reichte bis an die Türen der eigenwillig vor- und zurückspringenden Häuser. Knochig und breithüftig, schmalbrüstig und kropfig standen sie in nachbarlichen Haufen zusammen, und jedes hatte ein so unverwechselbares Gesicht wie die Leute, die darin wohnten.

Rotbraune und rauchschwärzliche Dächer mit Moos ruhten gemütlich über spitzen Giebeln, die sich zum Schwätzen und Erzählen einander zuneigten oder sich distanziert die weniger ansehnliche Kehrseite zeigten. Sonne, Mond und Sterne scheinten sehr wohl in die scheinbare Enge, wenn auch manche Winkelschlucht ewig feucht und moderig blieb und nach Spülwasser und Abtritt roch. Hinter den Kulissen lagen oft lichte Höfchen, in denen Fliederbüsche und Pflaumenbäume blühten, Schnittlauch und Peterling grünten, Feuerbohnen rankten und Tomaten ritzrot glänzten. Hier und dort hatten die Höfle neben Hasenställen und Hühnergattern auch noch Platz für Waschkessel und Wäschhenkete, Spaltblock und Holzbeige.

Von der vorgeschobenen Ostbastion des Schlosses überm unkrautigen Bärengraben konnte man das Geviert der unteren Stadt um den Ammerkanal mit einem Blick erfassen, kaum daß man den Kopf drehen mußte. Die Haaggasse und die Grabenstraße, die Belthlestraße und das

Nonnenhaus als willkürliche Grenze genommen, war die Unterstadt eine überschaubare Welt. Stellte man sich das Revier in einem Bilderrahmen vor, lagen die mächtige Gewerbeschule mit ihren vierfach übereinandergeschichteten Dachgauben und das gediegene Bürgerheim mit seinem putzigen Dachreiter ziemlich genau in der Mitte der Vedute. Und hätte man vom Spitztürmle der uralten Spitalkirche hinüber zum Turmhahn der um vieles jüngeren katholischen Kirche ein langes Garbenseil gespannt, wäre es als Achse quer durchs Bild verlaufen.

Es gab Gassen, die bildeten inmitten der Stadt ein Nest für sich. Die Bachgasse, die von der Schmiedtorstraße aus ihren Lauf zielstrebig ostwärts in Richtung von Fritz Beckerts Wirtschaft „zum Gutenberg" nahm, sich aber kurz vor der Langen Gasse besann und einen bußfertigen Schlenker auf die Johanneskirche in der Froschgasse zu machte, war so eine kleine eigene Welt. In der Gasse, deren Eingang die Gewerbeschule mit ihrem mächtigen Leib bewachte, gab es einen Beck und Konditor, einen Glaser und einen Maler, an der Ecke zur Schulstraße einen Freibank-Metzger, auf halber Höhe einen Milchhändler, schließlich im Auslauf einen Sattler und einen Frisör. Zu den Einzelhändlern und Handwerkern gesellte sich ein gutes Dutzend Fuhrleute, Taglöhner, Weingärtner und Landwirte, deren Wiesen und Felder zwischen Ammertal und Salzgarten, Ursrain und Täglesklinge verstreut lagen.

Die Bachgäßler erfuhren das Neueste immer zuerst, denn unter ihnen wohnte der städtische Arbeiter und Ausscheller Wilhelm Kürner, alias Hôle, der die Kinder an John Silver aus der „Schatzinsel" erinnerte, nicht weil er ausgesehen hätte wie ein Pirat, sondern weil er einen kurzen Fuß hatte, der in einem erhöhten Schuh steckte, und weil der Kürner deswegen wie auf einem Holzbein daherkam. Ausgestattet mit einer historischen Schelle aus reinstem Stuttgarter Glockenguß knappte der Bedienstete durch die untere Stadt und verbreitete an jeder Gassenkreuzung nach dreimaligem Bimmeln im Sprechgesang amtliche Bekanntmachungen: „Morgen früh um sechs Uhr wird auf der Freibank junges frisches Kuhfleisch ausgehauen, ein Pfund 40 Pfennig!"

Manchmal, wenn er zwischendurch schon einen Most oder einen

Schnaps inhaliert hatte, brachte der Wilhelm seine Botschaften durcheinander und tat kund: „Auf dem Mostobst gibt es günstigen Güterbahnhof". Die berühmte Amtsschelle war von Kürners Vorgänger Barreis einst beim „Beerte-Mack" im „Pfauen" in der Kornhausstraße standesgemäß eingeweiht worden: Der Barreis hatte die Glocke umgedreht und sie randvoll mit Wein füllen lassen.

Wie ringsherum fand sich auch in der Bachgasse in jedem zweiten Haus ein Stall mit Getier zum Einspannen und Melken, zum Eierlegen und Schlachten. Von der Nachbarin J. wurde erzählt, sie miste ihren Geißenstall nur zweimal im Jahr. Um sich die Arbeit zu sparen, warf sie halt immer wieder einen frischen Buschel Stroh in das Gelaß. Mit der Zeit sei die Streu so hoch geworden, daß die Geißenhalterin angeblich ein Leiterle brauchte, um ihre Meckerinnen zu füttern.

Die ledige Gemüsehändlerin Karlene hatte einen Geißenstall direkt unter ihrer schiefen Stube. Die Dielen des Fußbodens waren im Lauf der Jahrzehnte etwas eingegangen, so konnte die Karlene zwischen den Ritzen hindurch ungehindert in den Stall hinabgucken. Umgekehrt waberte der Stalldunst warm empor in ihr Gemach und ersparte an kalten Tagen manches Brennholzscheitle.

Die Geißen gehörten allerdings nicht der Karoline, sondern dem Polizisten K., der auf der Wache in der Münzgasse Dienst tat und vor allem ausgeschickt wurde, wenn irgendwo Wirtshaushändel zu beenden waren. Nahm der schwergewichtige Gesetzeshüter einen Randalierer am Wickel, war im Nu Ruhe in der Beiz. Er war auf dem gleichen Stock behaust wie die Karlene, die ihren Hausgenossen alles hieß, nur keinen Herren. „Bei dem Büttel macht's bloß dr Kittel", tat sie dem Mitbewohner respektlos schandlich.

Die Karlene war ein sangesfreudiges Fräulein mit einer Vorliebe für alpenländisches Liedgut. Oft nur angetan mit einem fleischfarbenen Unterrock, jodelte sie gerne am offenen Fenster, obwohl sie die Technik des raschen Wechsels zwischen Kopf- und Bruststimme nicht beherrschte. Ihre Lieblingslieder hießen: „Zillertal, du bist mei Freud" und „Wo die Alpenrosen blüh'n", von denen sie aber nur den ersten

Vers konnte. So fing sie immer wieder von vorne an. Kunstsinnige Nachbarn nannten sie die „Nachtigall von der Bachgasse". Die Sopranistin war auch eine Art Barometer. „'s kommt schö' Wetter, d'Karlene jodlet wieder", konstatierten Nachbarn, wenn sie zu ihrem „Holladiöh" ansetzte.

Pferdefuhrwerk in einer Altstadtgasse.

Das Fräulein hielt etwas auf sich. Sie war eine reinliche Person. Wenn sie sich von Zeit zu Zeit säuberte, bekam das die ganze Nachbarschaft mit, denn nach ihrer Toilette entriegelte sie einen Fensterflügel und kippte das Waschwasser aus ihrer Blechschüssel mit geübtem Schwung auf die Gasse. Meist war es schon dunkel, wenn es den lauten Pflatscher auf dem Pflaster tat. Bei der Karlene konnte die Stimmung so schnell umschlagen wie das Wetter. Hatte sie eben noch fröhlich gejodelt, spie sie plötzlich Gift und Galle aus ihrer Kemenate. „Ganget naus uff d' Pfaffewies!", schrie sie die Gassenkinder an, die vor ihrem Haus in Ermangelung eines Fußballs mit einer Blechbüchse kickten. „Fällt ons grad no ei'!", maulten die Buben frech zurück, worauf der Karlene die Stimme überschnappte wie dem rappeligen Gockel von Weidles Christine in der Lazarettgasse, der kaum ein Kind vorbeiließ, ohne ihm ins Genick zu flattern.

Als die Bachgasse mit elektrischer Straßenbeleuchtung gesegnet wurde, begleitete Jungfer Karoline die Arbeit der Monteure mit ihrer Goscherei. Sie hielt gar nichts von dieser Segnung durch die Technik: „Was brauchet mir Laterne, bis jetzt isch's au so gange!" Keiner von den neuen Blechstrahlern mit zwei armseligen Glühbirnen hing zwar vor ihrer Hütte, doch aller Welt wollte sie keifend weismachen: „Die scheinet mir bei Nacht direkt ens Bett." Ein paar Tage später lachte die ganze Altstadt, als die Gegnerin des Gassenlichts als Karikatur in der Zeitung erschien. Alle erkannten, daß es die Karlene war, die da aus dem Fenster hing und mit geblähten Backen versuchte, die Straßenlampe auszublasen.

Zumindest einmal im Leben blieb ihr die Puste und die Sprache weg. Das war an jenem hellen Nachmittag, als einer der Bewohner des hinteren Hausteils den Stall ausmistete und den Wagen just unter Karolines offenem Fenster lud. Während der Mistlader gemächlich aufschichtete, erregte sie sich wegen des Gestanks. Harte Worte prasselten nieder, harte Gegenrede stieg im Dunst des Dungs hinauf. „Dur dein Rüebehafe 'nei!", riet der Agrarier seiner Widersacherin höflich, und gabelte weiter. Doch als sie sich partout nicht zurückziehen wollte und in einem fort weiterraffelte, schaltete er auf Schwung. Hoch flog eine Gabelportion und landete gezielt im Fenster der Gegnerin. Schlagartig herrschte Ruhe. Mit rhythmischem Klatschen vollendete der Sau- und Geißenhalter sein Werk und fuhr die Gasse hinab von dannen, seinem Äckerle zu. So unrecht hatte die Karlene mit ihrem Geschimpfe nicht gehabt. Der Mistkarren hinterließ ein Odeur, das Vorübergehenden das blanke Wasser in die Augen trieb.

Zum täglichen Straßenbild gehörten die schweren Rösser der Fuhrleute Karl Schneider und Fritz Aichele. Die Hufeisen der strotzbackigen Wagengäule schlugen blitzblaue Funken aus den Pflastersteinen, die wuchtigen Gespanne füllten fast die Gasse in der Breite. Neben ihnen sahen die kleinen gemächlichen Kuhfuhrwerke ärmlich aus.

Da und dort wuchsen neben den Haustüren Hybriden mit blauen Trauben ohne viel Süße. Kam ein Lüftle auf, roch es einmal nach Milch und Malfarbe, Rüben und Roßbollen, Kuhpfladdern und Karrensalbe, ein andermal nach Holz und Heu, Kuchen und Kraut, und manchmal wunderbarerweise auch nach Maiglöckchen.

Man war sich gaßauf gaßab vertraut, wußte, wer krank in der Kammer und wer im Sterben lag, und als später die ersten Gefallenenmeldungen kamen, herrschte in allen Häusern Betroffenheit. Lange noch hatten die Anrainer das Bild vor Augen, wie der schwarze Nachbar Funk nach einem Heimaturlaub fröhlich winkend und singend die Bachgasse hinabschritt, er mußte wieder an die Front. Im Gehen drehte er sich nocheinmal um und rief seiner Elise im Fenster zu: „Wir sehen uns bald wieder!" Er kam nicht mehr zurück.

Der Umgangston war eher rauh, doch nicht ohne verborgene Herzlichkeit. Hinter diesem und jenem Wort, das anderen Ohren befremdlich oder gar entsetzlich klang, konnte viel Mitgefühl und Anteilnahme stecken. Man redete direkt miteinander, was sollte auch vornehmes Geblümel. Wenn der Stadttaglöhner Wilhelm H. seiner Angetrauten rief: „Rosa, du Heilandsakramentszuttel, gohscht jetzt daher oder i schlag dr 's Beile uffs Hirn nuff!", wurde das ohne große Besorgnis wahrgenommen. Der Wilhelm meinte das nicht so. Und seine Rosa starb, als es Zeit war, eines ganz natürlichen Todes.

Freilich gab es auch Händel von Haus zu Haus, aber die versurrten auch wieder. Als sie eines unglücklichen Tages den Weingärtner Brodbeck tot mit gebrochenem Genick auf einem Kuhwagen vom Feld heimbrachten – er war beim Schaffen von der Baumleiter gestürzt –, da stand sein dauernd mit ihm verfeindet gewesener Nachbar Wilhelm Dietrich geschlagen unter der Haustüre und zog seine flache Kappe. Und das war viel, bei Gott.

4

MORGEN GIBT'S SELLERIESALAT

as war die Gasse von Fritz, dem eingeborenen Altstädtler. An einem April-Donnerstag im letzten Jahr der freien Republik tat er, von Hebamme Emma Scheel auf den Kopf gestellt, den ersten Schnaufer, der vielleicht ein Seufzer war. Unter dem seelischen Beistand der lieben Nachbarin Schneider hatte die Mutter noch auf dem Sofa in der Stube gesessen, als die Wehfrau eintraf. „Bleibet se no dô, dees machet mir glei' dôhanne", hielt sie die erstmals Niederkommende auf dem Polstermöbel zurück, sprach's, und schlang einen Gurt um die Lehne, damit die Mutter beim Pressen einen guten Halt habe.

So rutschte der Fritz denn auf einem Stubensofa und nicht in einer Bettlade in die Welt. Daß er ein besonderes Kind war, sah die Hebamme gleich, trug das Fritzle doch am kleinen Finger des linken Händles den Ansatz eines sechsten Fingers mit Nagel. Die Wehmutter Scheel ließ dem Neugeborenen allerdings nicht die Chance zu einem Wunderkind (wie einmalig hätte es später mit elf Fingern etwa Klavier spielen können!). Mit einem Zwirnsfaden wurde das überzählige Fingerle einfach abgebunden…

Ansonsten war jener Tag im ersten Viertel des April ein Tag wie jeder andere. Das Wetter war veränderlich. Vereinzelte Schauer spülten den vom März zurückgebliebenen Staub in die Dolen. In der Stadt passierte nicht viel. Die Polizei verhaftete den seit längerer Zeit steckbrieflich gesuchten 22jährigen Tagdieb Wilhelm Benz, der sich in der Wohnung eines Hilfsarbeiters im Lustnauer Bahnwarthaus 48 versteckt gehalten hatte. Im Hirsch-Kino war sogenannter Volkstag. Für 40 bis 75 Pfennig Eintritt konnte im schrägen Kinosaal im ersten Stock der Hirschgasse 9 über das Komikerduo Pat und Patachon gelacht werden, danach erschütterte Greta Garbo in dem Tonfilm „Romanze" das Parkett.

Der Beck Göhner in der Schmiedtorstraße verkaufte den Zweipfünder Hausbrot um 38 und ein Paar Wecken um 8 Pfennig, beim Metzger Schneider in der Jakobsgasse kostete ein Pfund Rindfleisch 70 Pfennig. Karl Schott hielt in seinem Kolonialwarenladen in der Langen Gasse das Pfund Malzkaffee um 30 Pfennig, dasselbe Quantum Bohnenkaffee um 2,40 Mark feil. Beim Brugger in der Collegiumsgasse war ein Ei um 7 Pfennig zu haben, Wilhelm Breitmeyer in der Haaggasse hatte Kartoffeln um 5 Pfennig das Pfund im Rupfensack. Christian Holder in der Bachgasse füllte einen Liter Milch um 22 Pfennig ab und verlangte für das Pfund Butter eine Mark fünfzehn. Die Preise würden am nächsten Tag noch dieselben sein. Der Südfunk Stuttgart als Tübinger Hausradio, noch nicht zum „Reichssender" umfunktioniert, brachte am Nachmittag ein Konzert mit Strauß- und Lehàr-Melodien, abends lief das Hörspiel „Grischka" von Maxim Gorki. Obwohl der dämmerige Winter längst vergangen, holte man sich mit rußenden Petroleumlämpchen dünnes Licht in die Hausgänge, damit man auf den Holzstiegen nicht stolperte, denn es wurde an diesem trüben Apriltag früh dunkel.

Fritz war ungefähr der 20 386. Einwohner von Tübingen. Er muß ein vorzeigbares Kind gewesen sein. Zumindest in den Augen des Untermieters bei seinen Eltern, eines gewissen Stadtwerke-Monteurs Georg Scheufele aus Dußlingen, genannt „Scheufeles-Schorsch", war

Der Sache auf den Grund gehen wollte Fritz Holder von kleinauf. Dieses Familienfoto zeigt ihn im Alter von knapp drei Jahren.

der Fritz ein Kerlchen wie Milch und Blut. Der Schorsch mußte es wissen. Selber ein gattiges Mannsbild mit hellen Augen im Gesicht, blonden Wellen auf dem Kopf und dem Charme eines Filmschauspielers am Leib, hatte er einen sicheren Blick für schöne Geschöpfe – vor allem wenn sie tausend Wochen alt waren und Röcke trugen.

An einem schönen Sonntag war die Frohnatur Schorsch einmal unter fidelen Fahrensleuten auf dem als Ausflugsmobil dienenden Lastwagen von Fritz' Vater an den Bodensee mitgeschaukelt, wo die Reisegesellschaft auch ein Schloß besichtigte. In dem Adelssitz war vor kurzem blaublütiger Nachwuchs angekommen, ein Prinzeßchen, ebenfalls zur Besichtigung freigegeben. Den Gästen wurde gestattet, auf leisen Sohlen an einem antiken Stubenwagen vorbeizudefilieren, der aussah wie aus dem Versteigerungslokal von Stadtinventierer August Bayer daheim in der Langen Gasse. Die Besucher durften gnädigst die jüngste badische Prinzessin in Augenschein nehmen, als die der Adelssproß vorgestellt worden war.

Auch der Scheufeles-Schorsch war erwartungsvoll in die Schlange getreten, und wie er nun des Prinzeßchens ansichtig wurde, entfuhr es ihm enttäuscht: „Ja isch dees älles?" Vor verdutztem Publikum setzte er gleich noch eine absolute Wertung hinzu: „Dô isch onser Fritzle aber viel schöner!" Seitdem stand außer Zweifel, daß der Fritz aus der Tübinger Bachgasse es an Schönheit leicht mit einer herzoglich-badischen Komteß aufnehmen konnte. Der Schorsch hat seinen Liebling im geflochtenen Stubenwagen mit den geblümten Vorhängchen noch oft geschaukelt und dabei mit einer Flasche Bier in der Hand gesungen: „Freu dich, Fritzchen, freu dich, Fritzchen, morgen gibt's Selleriesalat…"

5

GLOCKENKLANG UND KANNENKLAPPERN

ie ersten harmonischen Töne, die das Fritzle bewußt wahrnahm, kamen von den Glocken der St. Johanneskirche und der Stiftskirche. Der neugotische Turm des katholischen Heiligtums lugte mit einem Schallfensterauge über die Froschgasse und ein paar Hinterhöfchen mit Bohnenstecken und Sonnenblumen hinweg schrägwegs in Fritzles weißes Drahtgitterbettchen. Und später, als er schon groß genug war, die steilgefährliche Stiege zur Bühne zu bezwingen und seinen Pagenkopf aus dem Giebelfensterle zu strecken, entdeckte er, daß er von seinem Ausguck dem nördlichen Zifferblatt der Georgskirche mit den sonnengoldenen römischen Zahlen genau ins Gesicht schauen konnte. Beim gewaltigen Zusammenläuten horchte er gebannt auf den grabesdunklen Klang der tiefsten Glocke, deren Donnern er im Magen spürte, und er stellte sie sich so groß wie ein Haus vor. Es war die behäbige „Maria" von 1411, die größte und breiteste der sechs singenden Schwestern in der achtfenstrigen Glockenstube des Stiftskirchenturms. Auf der Schulter trug sie die Inschrift „ave maria gratia plena" und zwischen den Worten zur Trennung kleine Scheiben mit sechsstrahligen Sternen.
Meist weckte ihn aber statt himmlischem Glockenklang irdisches Geklapper von mannskniehohen eisernen Milchkannen, die 20 Liter schlucken konnten. Um die Schulter trugen sie keine lieblichen Mariensterne, sondern einen festen Reifen mit dem Namen ihres Herrn. Der hieß Christian, von Freunden und Genossen „Stane" genannt, war Fritzens Vater und Besitzer einer Milchhandlung. Beheimatet im ersten Haus der Wöhrdstraße schräg gegenüber von Bäcker Fritz Kiess, hatte er in der Bubenschule Matthias Koch zum Lehrer gehabt, den schwäbi-

schen Erzähler, dem so liebenswerte Geschichten wie das „Kohlraisle" eingefallen waren.

Christian mußte dem Schulmeister in der Pause öfters im Laden für drei Pfennig Senf zum Vesper holen. „Bue, du hoscht an helle Kopf", sagte Matthias Koch manchmal zu seinem Laufburschen Christian, „du sottest amol Lehrer werde", und förderte ihn, wie er's vermochte. Ein Lehrer wäre der Christian fürs Leben gern geworden, aber woher auch hätte bei fünf Geschwistern das Kapital dazu kommen sollen? Immerhin reichte dann das Geld, um bei Meister Christian Rilling in der Schulstraße das ehrbare Handwerk eines Schreiners zu erlernen.

Schreiner lieferten damals nicht nur Särge frei Haus, sie sargten die Verblichenen auch gleich ein. Als der Stift Christian einmal helfen mußte, die sterbliche Hülle eines Unterstädters zwischen die gehobelten Bretter zu betten, rutschte dem Toten, kaum daß er im Behältnis lag, ein Arm wie greifend über den Sargrand, daß es dem Jungtischler ganz anders wurde. Da beruhigte der Meister seinen käseweißen Lehrling: „Brauchst koi Angst hau, der duet dir nix maih."

Nachmalig furchtloser Geselle im „Waldhörnle" mit geschickter Hand für

Der Turm der Johanneskirche. Seine Glocken waren in der Unterstadt unüberhörbar. Bild: Grohe

29

noble Furniere, verschlug es den „Stane" bei der Weltwirtschaftskrise 1929 wie viele andere in die Kolonne der Arbeitslosen. Nach mäßig bezahlten Handlangerdiensten beim Straßenbau machte er sich selbständig, kaufte sich risikofreudig auf Wechsel einen eckigen Lastwagen der Marke „Hansa Lloyd", scheute Möbelfuhren bei Umzügen nicht, sprang auch als Obst- und Gemüse-Transporteur für den Südfrüchtehändler Luciano Cozza ein, der ihm immer eine gute Zigarre als Trinkgeld versprach, aber jedesmal bedauerte: „Oweh, ick habe niggemal eine bei mir."

Autobesitzer Christian erwarb die Konzession für einen Milchhandel, bekam einen Bezirk zugeteilt, und belieferte als ambulanter Milchmann zunächst die Haushalte in der vorderen Herrenberger Straße und im Geigerle, auf dem Frondsberg und im Käsenbach mit dem fetten Saft aus Kuheutern, der in der Milchzentrale in der Rappstraße aufbereitet wurde. In einem neuen Dannenmann-Haus in der Mitte der Bachgasse, an dessen Stelle eine zuletzt arg windschiefe Scheuer gestanden hatte, richtete er ein Lädle ein, in dem es neben Milchprodukten auch Flaschenbier aus der Schimpfschen Kronenbrauerei gab.

Jede Woche ratterte der Bierführer Emil aus Remmingsheim mit dem Lastwagen an und lud, einen langen Lederschurz vor dem Bauch, die schweren Blechkästen mit dem Gebräu vom Land ab. Im Sommer hatte er unter einer dicken Plane auch langlechte Eisblöcke aus dem Schimpfschen Eiskeller geladen. Sie wurden mit einem Beil zerhackt und in den hohen Schacht des Kühlschranks im Laden geworfen. Lauernde Kinder schnappten sich abspringende Splitter, die sie mit Hochgenuß lutschten als Ersatz für richtiges Waffeleis vom Konditor, in dessen Genuß sie selten kamen. Die Mägen vertrugen das Natureis aus den Brauereigewölben gut. Bauchgrimmen oder gar die garstige „Lochschnätterete" bekam keiner von den Schlotzern.

Das Gegenstück zum Remmingsheimer Emil war der menschenfreundliche „Wasser-Paule", der Sprudel-Lieferant Paul Eggenweiler aus Bad Niedernau. Zuverlässig wie der Kalender rollte er von seinem quellengesegneten Flecken am Katzenbach mit dem Pferdewagen über Rottenburg bis in die Tübinger Gassen, und das unverzagt bei Wind und Wetter. Den Autoführerschein hat der Paule nie gemacht. Mann und Roß und Sprudelwagen ergrauten in Ehren. Eines Tages kam der Wassermann nicht mehr. Man hörte aber, es gehe ihm gut.

Als Spezialität offerierte der Milchhändler Christian hausgemachte gestandene Milch in grauen Steinguthäfen, auf deren Bauch in schöner blauer Schreibschrift der Firmenname eingebrannt war. Manche Altstadtkundinnen vergaßen, die geliehenen Sauermilchtöpfe zurückzubringen, man fand sie dann nicht selten als Blumenvasen auf dem Stadtfriedhof wieder. Auch sonst nahm es diese oder jene Kundin nicht so genau, griff in einem unbewachten Augenblick in die Butterschachtel auf dem Ladentisch und ließ ein Viertelpfündchen unterm speckigen Schurz verschwinden. Fritzens Mutter, die den Laden betreute, hatte anfangs noch nicht die Courage, eine Selbstbedienerin zur Rede zu stellen. Sie hatte es zu Beginn ihrer Karriere ohnehin nicht leicht, zumal sie, vom Oberland kommend, in der Unterstadt als Reigschmeckte galt. Dabei war sie weltläufiger als die meisten ihrer Kundinnen, schließlich hatte sie als Schneidergesellin schon Mainz und Basel gesehen. Und beim Heuen oder Garbenholen hätte sie den Raupenweibern noch etwas vorgemacht, hatte sie doch zu Hause schon von früher Jugend an mit aufs Feld müssen.

6

POTSCHAMBER UNTERM KANAPEE

ie alteingesessenen „Raupen" waren eigen. Wer nicht von ihrem Schlag war, wurde verbal auf Distanz gehalten. Teilweise hatte im dritten Jahrzehnt des 20. Jahrhunderts noch immer Gültigkeit, was ein gewisser Herr Flach 1886 in seinen „Culturbildern aus Württemberg" geschrieben hatte. Der Chronist behauptete nämlich, daß die Tübinger Altstadt eine Bevölkerung berge, die in keiner anderen Gegend Deutschlands oder auch des kultivierten Europa in ähnlicher Weise wieder angetroffen werde. Die „Gôgen" seien von keiner Kultur belegt und gehörten wohl zu den am schwersten zu schildernden Elementen der menschlichen Gesellschaft, urteilte der Reiseschriftsteller gnadenlos. Schon die Oberamtsbeschreibung von 1867 – nur gut, daß die leseunwilligen Eingeborenen sie nicht studiert haben – attestierte den archaischen Typen der Altstadt zwar Zähigkeit und eine mittlere Pferdekraft, sprach ihnen aber alle Gefühle ab, die man unter dem Begriff Pietät zusammenfaßt. Die ortskundige Tübinger Dichterin Isolde Kurz stellte an den Gôgen eine mürrisch-verbissene Aussprache mit eigentümlichen Kehllauten und gedehnter Betonung fest, und sie wollte erfahren haben, daß manche von den übrigen Einwohnern die Urigen der Unterstadt für Nachkommen eines zugewanderten Fremdvolkes hielten. Das hätten die „Gebildeten" den angeblich ungehobelten Raupen einmal sagen müssen. Gnade Gott!

Wenn nicht schon von weitem durch ihre Häupter, die böse Zungen völlig zu Unrecht als Mostköpfe bezeichneten, so wiesen sich die zwischen Schloß und Ammer seßhaften Insulaner spätestens dann ein bißchen als Nachfahren einer fremden Rasse aus, wenn sie das Maul

32

zum Schwätzen aufmachten. Sie artikulierten nicht, sie rissen sich die Laute tief aus der Gurgel. Gegen ihren sinnlichen Dialekt klang das salz- und schmalzlose Tübinger Honoratiorenschwäbisch fast wie Hochdeutsch. Das Unterstadt-Idiom schmeckte sozusagen nach räsem Most und scharfem Rettich, das Universitätsstadt-Schwäbisch nach kraftlosem Kunsthonig. Vielleicht hatte die Gôgensprache eine Schutz-funktion wie das Rotwelsch der Kunden und Landfahrer.

Von den Gôgen, denen es angeblich an Kultur mangelte, bekam das Fritzle en passant die ersten Grundkenntnisse in Französisch vermittelt. Das emaillierte Brunzhäfele, auf dem die Kinder oft ausharren mußten, bis sie einen roten Ring ums kleine Pfirsichärschle hatten, wurde vornehm Potschamber genannt, die echten Franzosen sagten pot de chambre dazu. Das Intimgeschirr konnte seinen ständigen Standort durchaus unter dem „Kanabee" oder dem „Schäslo" haben, unter der Chaiselongue also. Zum Einkaufen nahm man nicht den Geldbeutel, sondern das „Portmonnee" mit. Überkam die Gôgen einmal die Höflichkeit, dankten sie mit einem „merci". Der Nachbar wohnte nicht einfach gegenüber, sondern „wisawie". Und sein Weib ging nicht zur „Baßleta" – passer le temps – aufs Feld, also nicht zum Zeitvertreib, vielmehr um „Gugommer" zu holen, die in Frankreich cocombre heißen. Wollten die Kinder abends „barduh" nicht ins Bett, erging der Befehl: „Ab jetzt ens Kuschee!"

Neben dem Gôgen-Französisch mit seinen changierenden Vokalen lernte Fritz von den Ureinwohnern auch Selbstbewußtsein. Das besaßen sie nicht zu knapp. Es reichte sogar so weit, daß einer sagen konnte: „I verreck, wann i will." Mancher Raup übertrieb es denn auch, und hängte sich tatsächlich mit den Rohrstiefeln an den Füßen an einem Scheunenbalken oder im Wengerthäusle draußen vor der Stadt auf. In der Altstadt wurde diese Form des Ablebens elegant mit der Wendung umschrieben: „Der isch en de Rohrstiefel gstorbe."

Zum Selbstbewußtsein, das den Raupen angeboren schien, kam eine fette Portion Respektlosigkeit gegenüber Zeitgenossen, die sich für etwas Besseres hielten: gescheit tuende Studierte, bornierte Beamte,

Menschen mit einem „Grattel". „Was hoißt do Bessere, 's geit koine Bessere, 's geit bloß Leit mit maiher Geld", belehrte der Hausierer Markus Pfaus, der mit Mottenkugeln und mit Hundeschmalz gegen Schwindsucht handelte, seine Handvoll Kinder. Und der Weingärtner Karl Kost von der Seelhausgasse pflegte die scheinbar Privilegierten drastisch vom Podest zu holen: „Die krieget au an rote Kopf, wenn se uffem Abtritt hocket ond drucket." Nicht einmal ein Professor hätte der These des Koste-Karle etwas entgegensetzen können. Der Fritz lernte schnell von seiner gôgischen Umgebung. Fragte ihn ein neugieriger Erwachsener nach seiner Herkunft: „Wem ghörst denn du?", anwortete der Fritz knitz: „Mei'm Vatter".

Karl Kost, Weingärtner aus der Seelhausgasse. Als das Bild entstand, im Jahr 1949, war Kost fast neunzig.

7

DER KRONLEUCHTER IM BAUERNHAUS

N un täte man den Gôgen aber arg unrecht, würfe man sie alle in einen Butten. Entgegen des Rufs waren beileibe nicht alle Altstädtler und schon gar nicht alle Bachgäßler rauhbauzige und derbe Exemplare ohne Herzensbildung. Der Fritz erfuhr auch außerhalb des Elternhauses Liebe und Geborgenheit. Wie ein Honigbrot die Wespen zog ihn das Haus der Nachbarn Schneider an. Ihre Wohnstatt war keine von den verhutzelten Wengerterhütten, in denen Holz und Reisig oft noch in der Küche oder gar in der Kammer neben dem Bettgestell aufgebeigt wurden, sondern ein altes, wohlbeleibtes Bauernhaus mit Fachwerk von alemannischem Einschlag und einem hochgewachsenen Giebel, der sich wunderfitzig in die Gasse vorbeugte, damit ihm ja nichts entgehe. Das Schneider-Haus war aufgeteilt in Ställe und Stuben und Kammern, über denen ein großer dämmeriger Heubarn lag, der Kindern Herzklopfen machte. Eine endlos scheinende Leiter, mit Stricken fest verankert, führte senkrecht durchs Heuloch himmelwärts und verschwand im geheimnisvollen Dunkel des Giebels.

Schneiders Welt war voller Leben. Dort gab es Pferde und Wagen, Schweine und Geißen, Hennen und Katzen. Fritz sagte zu Vater und Mutter Schneider vertraulich Opa und Oma. Oft ging er lieber zu ihnen als auf die Gasse, mochte auch der schnauzbärtige Fuhrmann manchmal scharf durch die Zähne pfeifen und drohend „alter Freund und Kupferstecher" sagen, wenn 's Fritzle zu fürwitzig war. War der Nachbar besonders gut aufgelegt, durfte Fritz auf der breithüftigen „Flora", wenn sie in der Bachgasse ausgespannt worden war, ums Eck durch die Lazarettgasse in den Hof zum Stalltor reiten. Er fühlte sich dabei wie ein Indianer, wenn er sich auch am Spitzkummet festhalten mußte, damit er nicht vom Gaul hagelte. Der kleine Reiter hielt die „Flora" für ein Wunderpferd, konnte sie doch im Gehen furzen und Roßbollen fallen lassen.

„Oma" Schneider war eine herzensgute Seele, die für den Fritz immer etwas Nahrhaftes parat hatte. Ihm ging es wie allen Kindern: Auswärts schmeckte es am besten. Unübertrefflich waren Schneiders Gsälzbrote, knusprige Ranken mit saftiger Marmelade aus roten Träuble vom Ursrain oder von der Viehweide. In der Christkindleszeit verwöhnte die Nachbarin ihren Schützling mit anisgewürzten Springerle und röschen „Albertle" aus ihrer altertümlichen Küche, die ein winziges Fenster mit weißem Vorhängle zur Stube hin hatte.

In der Nische des zweieinhalbstöckigen Wasseralfinger Stubenofens, der mit seinen filigranen Türchen wie ein gotischer Flügelaltar aussah, stand mal ein eisernes Bügeleisen, mal ein Kächele mit Kraut oder eine kupferne Bettflasche, die einmal im Jahr zu Kupferschmied Wolf in der Schulstraße gebracht wurde. Der fuhr mit dem Lötkolben über die Nähte und machte sie wieder dicht, denn nichts war unangenehmer als eine rinnende Wärmflasche unter der Bettdecke. Um die Weihnachts- und Neujahrszeit herum schmorten neben dem Bügeleisen im Ofen weinrote Äpfel von Schneiders Baumwiesen. Der herbsüße Duft der Bratäpfel mit ihrer grombeligen Haut gehörte zum Nachbarhaus wie der strengere Geruch der Gäule, deren Stampfen aus dem gepflasterten Stall manchmal bis zum Stock heraufdrang.

An Weihnachten hat Schneiders heimeligwarme Stube den Nachbars- buben besonders angelockt. Da faszinierte ihn ein glitzerndes Gebilde, das von einem Deckenbalken in der Zimmermitte herabhing und „Kronleuchter" genannt wurde. Es war eine wundersame schwebende Traube aus allerlei zerbrechlichem Material. An silbernen Ketten blitz- ten unzählige kleine Glaskugeln in den schönsten Farben. Dem Weih- nachtsfritz erschien der „Kronleuchter" immer wie das Präsent eines rätselhaften Seefahrers aus einem fernen unbekannten Land, wo der Wald aus Glas ist und die Gräser Perlen tragen.

Auch eine Puppenküche hatte es dem Fritz angetan. Nur einmal im Jahr, zu Weihnachten, wurde die zauberhafte Rarität hervorgeholt und bekam ihren Stammplatz auf der Kommode am Fenster. Da vergaß der Bachgassenbub den sonst heißbegehrten Steinbaukasten, mit dem er an Regentagen auf Schneiders Stubenboden traumverloren Burgen baute. War das Fritzle brav, durfte er unter Aufsicht der schon großen Töchter kleine Pfannkuchen backen auf dem Puppenherd, der genau einem der schweren Holzherde in den rußigen Küchen der Großmütter nachgebildet war. Auch die übrigen Utensilien aus Kupfer, Zinn und Holz glichen bis aufs Tüpfele den Kochgeräten früherer Tage. Das große alte Haus mit seinen grünen Fensterläden war Fritzens zweite Kinderheimat. Noch als er fast schon erwachsen war, schenkte ihm „Oma"

Schneider jedes Jahr einen an ihrer gestreiften Schürze polierten Apfel zum Geburtstag, den sie bis zu ihrem Tod nie vergaß.

So sorglos der Fritz sonst bei der Familie Schneider ein- und ausging, am Neujahrsmorgen stieg er mit leisem Herzklopfen die steile Holztreppe zur Stube hinauf. Ausgeschickt von daheim, mußte er den Nachbarsleuten das Neujahr „anwünschen", da half kein Sträuben und keine Ausrede. Warum nur fügte man sich so ungern diesem Brauch? Eigentlich war es ja kein Hexenwerk, ein Sätzle herzusagen. „Ja Fritzle, bischt scho monter?, ond so schö a'zoge heut", empfing die Schneider-Oma den Ausgesandten. Der druckste nach dem Guten-Morgen-Sagen mit roten

Fritzens Elternhaus in der Bachgasse, um 1960. Vor dem Haus Vater Christian, besenbewehrt; Mutter und Schwester schauen zum Fenster heraus.

Ohren ein bißchen herum, dann kam es zaghaft heraus: „I wensch euch älle a' guets nuis Johr, ond daß'r gsond bleibet." „Mir wenschet dir au soviel", war die Antwort auf den Neujahrswunsch. Nun war's wieder einmal überstanden. Hatte der Besucher zur Belohnung ein paar übriggebliebene Weihnachtsbrötle in der Tasche, hielt er sich nicht mehr lange auf. Es pressierte auf die Gasse zum bescheidenen Neujahrsanschießen.

Frösche und Schwärmer, wie sie der Kappis-Müller beim Mäuerle in der Neckargasse oder der Bögle und Reif neben der Ammerbrücke in der Belthlestraße verkauften, hätte man zum „Klöpfen" gerne gehabt. Wenigstens eine Handvoll. Aber die wenigsten Buben bekamen Geld, um sich mit schwerer Neujahrsmunition einzudecken. So beschränkte man sich wohl oder übel auf die kleinen roten Käpsele, minimal-brisantes Konfetti in markstückgroßen grünen Schächtele.

Wer eine „Pfropfer-Pistol" im Gürtel stecken hatte, schätzte sich glücklich, wurde er doch von allen Nicht-Pistoleros darum beneidet, weil die Pulverpfropfen wie Kugeln aus dem kurzen Lauf fuhren und enorm „bätschten". Die einfach konstruierten Krachinstrumente hatten aber auch ihre Tücken. Wer nicht richtig damit umzugehen wußte, dem klemmte es beim Abdrücken die Haut zwischen Hahn und Blechkolben ein, das schmerzte dann millionisch und nahm die Freude am Schuß.

Mit den roten Knallplättchen hatte man da weniger Malheur. In Ermangelung von Käpseles-Pistolen legte man die winzigen Papierchen – wenn es nicht gerade Schnee hatte – einfach aufs Straßenpflaster und warf einen Stein darauf. Verschwender beigten mehrere Käpsele aufeinander, das verstärkte den Knall. Spezialisten ließen die Plättchen zwischen den Zähnen explodieren. Weniger Mutige rissen sie mit dem Fingernagel an, aber dabei tat es nur einen „Pfuzger". Wieder andere besorgten sich vom Vater einen Hammer, legten in der Kandel oder auf der steinernen Haustreppe von Nachbar Jetter eine meterlange Kette aus und hieben mit dem Werkzeug wie am Fließband drauflos.

Eine Mordsgaude war es, die Käpsele auf die heiße Platte des Stubenofens oder des Küchenherds zu werfen. Innerhalb einer Sekunde machte es „peng", und die zerfetzten Scheibchen hüpften wie Heuschrecken durch die Luft. Diese Lumperei konnte man natürlich nur riskieren, wenn die Mutter nicht um den Weg war, denn bei dieser beliebten Sprengmethode stank hinterher die ganze Stube nach Pulver.

Eines schönen Neujahrstages brachte der Karle vom Schneider-Haus dem Fritz den phantastischen Patronentrick bei. Drei Dinge brauchte es dazu: eine leere Patronenhülse, ein kurzes Stück Schnur und einen längeren Nagel. Das eine Ende der Schnur wurde in der Rille am Patronenrücken festgeknotet, das andere hinter dem Nagelkopf. Wenn man nun die Hülse mit ein paar Käpsele stopfte, den Nagel mit der Spitze ins Loch schob, die Schnur so in der Mitte faßte, daß sie geradehing, und dann das Gerät mit dem Nagelkopf voran gegen eine Hauswand schlug – das knallte schöner und lauter als eine „Pfropfer-Pistol". Von da an hat der Fritz immer am Neujahrsmorgen mit der Schneiderschen Handkanone so lange das Neujahr „angeschossen", bis die Käpseleschächtele leer waren – und bis da und dort ein Fenster aufging und eine Stimme forderte, sofort die „saudomme Klöpferei" einzustellen.

Auch der Altstadtsamen ging ins „Schüle", vorausgesetzt, die Eltern konnten ein paar Reichsmark für den Monatsbeitrag abzwacken. Mancher Erzeuger hielt es für Luxus, daß seine Brut einen Kindergarten besuchte: „Was brauchet meine Jonge ens Schüele, die sollet uff d'-Gaß." Die Auswahl an Kleinkinderschulen war nicht üppig, dementsprechend groß war das Einzugsgebiet der vorwiegend privaten Einrichtungen. Der einzige städtische Kindergarten war in der Paulinenstraße 34 etabliert, jenseits der Bahnlinie im „Viertel", das für die Altstädter schon als Ausland galt. Die Kinder von der Oberstadt und den angrenzenden Wohngebieten wurden in die Obhut von Pauline Kibler im „Schloßschüle" in der Burgsteige oder von Marie Thibault in der oberen Neckarhalde gegeben. Die jungen Unterstädter vertraute man den Kinderschwestern Frida Auer und Martha Hauser im „Rappschüle" an, das bereits 1907 in einem Garten in der vorderen Rappstraße direkt an der Ammer aus festen Steinen erbaut worden war, und mit seinem Eingang in Form eines Häuschens wie eine richtige Schule aussah.

Fritz kam, weil das der nächste Weg war, in den Fröbelschen Kindergarten in der Grabenstraße neben Paul Angeles Gastwirtschaft „zum
Ritter". Hier nahm ihn nicht etwa eine Frau Fröbel unter ihre Fittiche,
sondern die „Tante" Ruth. Alle liebten sie und folgten ihr. Sie war von
heiterem Wesen, bereitete ihren Schützlingen eine fröhliche sorglose
Zeit, wackelte höchstens einmal mit dem Finger und rollte die Augen
hinter ihrer runden Brille, wenn ein Bub oder Mädchen die handge-
strickte Unterhose naß gemacht hatte. Seinen Namen hatte der Kindergarten von dem Pestalozzi-Freund Friedrich Fröbel, der freie, den-
kende, selbsttätige Menschen bilden wollte, und der den Beruf der
Kindergärtnerin „erfand".

Das Fröbel-Schüle, dessen Fenster zur akaziengesäumten Ammer schau-
ten, hatte zwei Zimmer im Hochparterre. Die Böden bedeckte ein dun-
kelbrauner Linoleum, der stets den feinen Duft von Bohnerwachs ver-
strömte. Attraktion des Hauses war ein Fischglas auf einer Spielzeug-
kommode. Im Aquarium wedelten ein paar Goldfische munter durch
die zauberhafte Landschaft aus Tuffsteinen und Wassergras. Eines Morgens wurde das gläserne Bassin im Spieleifer umgestoßen, kippte über
die Kommodenkante und ging auf dem Boden zu Bruch. Trotz soforti-
ger Erster Hilfe hauchte einer der goldgeschuppten Freunde auf dem
Linoleum zwischen Glasscherben, Sand und nassem Spielzeug sein kleines Leben aus. Es gab ein großes Weinen und Wehklagen. Unter Anteilnahme der ganzen Kinderschar wurde das so jäh verblichene Fischlein in
der schmalen Rabatte hinterm Haus bestattet. Ein Holzkreuzle markierte die Stelle, und noch lange zierten Blumen das Gräble.

Es kam der unglückselige Tag, da die Tränen noch reichlicher flossen
als bei der herzerschütternden Goldfischbeerdigung. Die Ältesten, die
jetzt größere Schuhe trugen als beim Einstand, mußten Abschied nehmen vom Schüle und von Tante Ruth, die jedes Kind ans Herz
drückte. „I will bei dir bleibe", jammerten sie – und hatte doch alles
keinen Wert. Es war, als breche man ins Eis ein, das winters die Ammer
zudeckte. Nur ein paar Häuser entfernt ammeraufwärts stand breit und
drohend die Uhlandschule, die einen bald verschlucken sollte.

8

WEHE, WENN DER MAYER KAM

Unwiderstehlich lockten die Straßen und Gassen, auf denen sich das Leben sinnfällig wie auf einer großen Bühne abspielte. Die Szenen waren bunt und aufregend. Auf jedem Meter gab es umsonst etwas zu sehen und zu staunen, zu hören und zu riechen. Beim Bachgassen-Beck Adolf Wagner mit seinem bäuerlichen Tomaten- und Dahliengärtchen neben dem Laden konnte man von der Straße aus durch die offene Türe der Backstube spicken, aus der warmduftende Schwaden wehten. Der Meister im geknöpften Baumwoll-Leible kippte die schwarzen Türen des weißgekachelten Ofens und schoß mit der ellenlangen blankgewetzten Backschaufel bleiche Laibe in den höllenheißen Schlund des Monsters ein. Manchmal verseckelte er nebenher den Stift, weil der die geleerten Teigbretter nicht schnell genug wegschaffte. Wagte sich ein neugieriges Gassenkind zu weit über die Schwelle der geheiligten Doppelwecken-fabrik, konnte der Beck einen fürchterlichen Schrei fahren lassen, daß die Kiebitze verschreckt gassenabwärts flohen. Mußte man im Laden einen „Pfender" holen, gab die Bäckersfrau ein Himbeerbonbon drein, an dem man lange haben konnte, falls man nicht zu gierig schlotzte.

Neben der Backstube ging es nicht so teigweich zu, da wurden buchstäblich „harte Brittle bohrt". Da sausten mit schrillem Singen die Säge- und Hobelmaschinen der Glaserei Klein. Liefen sie auf Touren, verstand man das eigene Wort nicht mehr. Zuweilen fuhr das Glasauto bei Wilhelm Klein vor, steil beladen mit scheunentorgroßen Scheiben. Beim Abladen spiegelte sich die Sonne in den zerbrechlichen Tafeln und warf silbrige Blitze in die Fenster der Gewerbeschule mit ihren kantigen Holznägeln im beinahe bis zum Boden reichenden Fachwerk.

Dem Bubenvolk machte es großes Vergnügen, die zentimeterweit herausstehenden Zierzapfen zu lockern und aus den Balken zu ziehen. Mit der Zeit hatte der erreichbare Bereich der Eichenkonstruktion mehr Löcher als Nägel. Erwischen lassen durfte man sich bei der Lausbuberei nicht. Am wenigsten von Schulhausmeister Wilhelm Mayer, der, so klein und „reng" er auch in seinem grauen Arbeitsmäntele steckte, wie der Henker ums Schmiedtoreck fahren konnte – und wehe, wenn er einen am Schlafittchen erwischte! Den verschüttelte er wie einen Arzneikolben.

Weit ungefährlicher war es, dem Nachbar Kürner mit der Wengerterskappe auf dem Kopf beim Sensendengeln vor dem Haus zuzusehen. Beim Schärfen der „Säges" ließ er den kurzstieligen Dengelhammer mit leichten Schlägen auf die gekrümmte Schneide fallen, die auf einem kleinen Vierkantamboß lag. Langsam hüpfte die Finne des Hammers vom Sensenbart zur Spitze, bis das Blatt wieder haute. Der rhythmische blechtrockene Klang war in der ganzen Gasse zu hören. Noch vor Sonnenuntergang würde die mit dem Wetzstein noch schärfer gemachte Sense durchs Futtergras auf Kürners Wiese fahren und frischen Abendfraß für Kuh und Geißen flach legen.

Einen Geißensprung weiter drang aus der Lackiererei von Malermeister Carl Gräter das leise Zischen der Spritzpistolen, während draußen vor den hohen Flügeltüren der Werkstatt ein Lehrling in weißer Montur und mit einem kecken Schiffle aus Zeitungspapier überm Scheitel verwitterte Fensterläden auf Holzböcken ablaugte. Die Pflastersteine vor dem blitzsauberen Klinkerhaus mit seiner mannshohen vergoldeten Wetterfahne auf dem Giebel waren bunt gesprenkelt von kleinen Farbtropfen. Später wollte man unbedingt auch Maler werden bei Meister Gräter, auch wenn der große Mann immer sehr respekteinflößend dreinblickte. Er hatte einen schnittigen Sportwagen mit abnehmbarem Verdeck in der Garage stehen, wie man ihn sonst nur von Zigarettenbildchen kannte. Die Kinder haben ihn ganz selten damit fahren sehen. An den Komplex der Gewerbeschule lehnte sich ein bis in die Schulstraße umlaufender Anbau, der mannigfachen Zwecken diente. In der

Düsternis des längsseitigen Teils war das Eichamt versteckt. Am amtlich angesetzten Eichtag fuhren Händler und Marktfrauen mit Leiterwagen vor, beladen mit Waagen, Hohlmaßen und Gewichtsteinen vom
messingnen 50-Gramm-Winzling bis zum eisernen Fünf-Kilo-Kloben.
Auf den rumpeligen Handwagen hüpften die leichteren Gewichte im
Spankrättle. Der Eichmeister kontrollierte die Meßgeräte mit haar-
scharf anzeigenden Prüfinstrumenten. Fiel die Abgleichung gut aus,
markierte er die geeichten Maße mit Ätzstrichen, die Gewichte mit
Eichstempeln. Es wurde von Geschäftsleuten erzählt, die es mit dem
Abwiegen anscheinend nicht so genau nahmen. Wie sie es trotz geeich-
ter Geräte schafften, die Kunden hin und wieder um ein paar Gramm
zu „bescheißen", war ihr Geheimnis. „Der wiegt doch beim Uffschnitt
emmer sein Fenger mit", wurde von einem bekannten Metzger be-
hauptet.

*Lebendig und wuselig war es hier allezeit: Säumarkt in der Unterstadt, gleich hinter der
Jakobuskirche.*

43

Genau an der hinteren Ecke der Fruchtschranne hatte die städtische Freibank ihren Standort. Drei, vier ausgetretene Steinstufen führten zum Verkaufsraum, der so eng war, daß sich eine lebende Kuh kaum hätte darin umdrehen können. Drinnen wetzte der wackere Metzger Karl Schweizerhof sein Metzgermesser. War er am Werken, hörte man das schon von weitem. Das schrille Kreischen seiner Knochensäge übertönte alle anderen Gassengeräusche und ging durch Mark und Bein. Durch die geöffneten Fensterflügel und die weit offenstehende Ladentüre konnte man blaugestempelte Rinderviertel und blasse Kuheuter an den Haken schaukeln sehen.

Freibankfleisch war billiger als die reguläre Metzgerware, weil es von Notschlachtungen stammte. In der Bratkachel oder im Sudhafen sah man das den Brocken nicht mehr an. Daß das Freibankfleisch immer von alten Kühen stammte, „wo d'Stoi zur Wurmlenger Kapell' g'führt hend", war eine unhaltbare Behauptung wählerischer Hausfrauen. Und daß beim Siedfleischkochen der Topf vor dem Fleisch weich wurde, bestritt zumindest der Ausscheller Wilhelm Kürner stets energisch. Die Kuheuter rochen bloß ein bißchen streng beim Anbraten. Als einmal eine Altstädterin bei offenem Küchenfenster so ein Stück in der Pfanne röstete, erkundigte sich eine Nachbarin: „Kochst du an S…hafe aus?"

Eine Besenlänge neben der „Metzge" dunkelte die Höhle des Stadtmagazins. Hier war das Standquartier der Stadtpfleger, die zu früher Morgenstunde mit Besen, Dreckschaufeln und zweirädrigen Blechkarren auszogen, um Gassen, Trottoirs und Kandeln von Unrat zu säubern. Man hieß sie auch „Roßbollensammler", aber das war ein Schimpfwort, das sie eigentlich nicht verdienten. Die Magaziner waren leutselige Schaffer, die jeder kannte und grüßte. Nach der ersten Runde zogen sie sich zu Schwartenmagen, Most und Backsteinkäse in ihr Vesperstüble zurück, das für sie im „Magazee" eingerichtet war. „Do hosch au an Bolle", riefen die Feger neugierigen Kindern zu, die sich zum Fenster hochzogen, und warfen eine ausgezullte Wursthaut oder ein stinkendes Käspapier aus ihrer Bude.

Eine Rarität für sich waren die städtischen Dolenleerer. Wenn sie mit ihrem Troß anrückten, war die Gasse voll von schaulustigem Kindervolk. Die eher finster wirkenden Mannen kamen mit einem wasserdichten eisernen Truchenwagen, an der Deichsel ein dösiger Gaul mit grauen Ohren und mit ledernen Scheuklappen vor den geduldigen Augen. Erst lupften die Leerer mit Haken den schweren Rost von der Dole und holten den Schmutzkorb nach, der überquoll von einem Mischmasch aus Schlick, Papier und Äpfelbutzen, Stecken, Steinen, Hafenscherben und Mauskadavern. Es konnte sein, daß sich ein abgegangener Hausschlüssel in dem grauzähen Brei wiederfand, niemals aber der Groschen, der einem unglückseligerweise durch den Rost gerutscht war. Beim spielerischen Pfennigfuchsen war's passiert, und laut hatte der Klageschrei emporgehallt: „Mamme, mir isch mei Zehnerle en Dol nagfloge!" Worauf es nur eine Antwort geben konnte: „Hättest uffpaßt." Mit flachen Schöpfern an fahnenlangen Stielen fuhren die Dolenleerer in die grausliche Tiefe des Schachts, förderten stinkenden Morast zutage, füllten zerdellte Eimer bis an den Rand und kippten die Ladung in die gluckernde Wanne des Abfuhrwagens, der vielleicht mit dem verlorenen Taschenmesser vom Kehrers-Ferde davonrumpelte.

WASSER FÜR DEN RIEBELESKOPF

Ungleich appetitlicher und lustiger als das Gastspiel der Dolenputzer war der Besuch des städtischen Sprenzautos, das an heißen Tagen durch die Gassen rauschte und aus seinem geschwollenen Tank das Pflaster duschte, um den Staub zu binden, der sich dann leichter fegen ließ. Das verdunstende Wasser erzeugte angenehme Kühle zwischen den hochsommerwarmen Häuserwänden, und es roch frisch wie nach einem Gewitterregen. Scharenweise liefen die Kinder hinter dem Brausewagen her, ließen sich absichtlich anspritzen, bis das Wasser aus Haaren und Hosen troff. Im Sommer war's egal. So wurden Hals und Riebeleskopf wenigstens einmal außerhalb der Reihe gewaschen. Schließlich verlor man den Wettlauf mit dem Duschmobil, das leerer und schneller wurde und tropfend im Schlauch der Langgasse verschwand.

So verschnaufte die verhitzte Horde in der Bachgassenkurve, wo der Sattler Otto Weimer auf der Straße an Sesseln und Sofas, Stühlen und Matratzen hantierte. Vor der Werkstatt stand ein seltsamer Apparat mit einer Trommel und Kurbel. Der Sattler füllte die hochbeinige Maschine mit mürbem Seegras, und wenn er mit kräftigen Schwüngen triebelte, spuckte das reißende Gerät in hohem Bogen lockiges Polstermaterial für die Sofas und Matratzen aus seinem breiten Maul.

Manchmal konnte man erleben, wie im Sattlerhaus die Alarmglocke der Weckerlinie schrillte, der Meister Weimer dann alles fallen ließ, ins Haus stürmte und in Minutenschnelle in voller Feuerwehrmontur wieder herauskam, sich aufs Fahrrad schwang und mit ständigem Klingeln dem Feuerwehrhaus auf der Kelter zuraste. Da flatterte der lederne Nackenschutz am Helm. Der Sattler Weimer galt als einer der schnell-

Handwerksbetriebe zogen die Altstadtkinder magisch an. Hier auf einem 1926 entstandenen Bild die Kupferschmiede Wolf in der Schulstraße.

sten Pompiers. Er war immer unter den ersten Löschmännern, die bei einem Brand ausrückten. Man bewunderte ihn und wäre gerne schon groß und auch bei der Feuerwehr gewesen. Schon wegen der schnellen roten Autos mit ihren gellenden Alarmhörnern.

An der Ecke zur Froschgasse schaukelte über der Salontüre von Friseurmeister Otto Schaal sidolblank und chromfunkelnd ein Schaumteller als Zunftschild, verlockende Zielscheibe für Äpfelbutzen und Dreckbollen. Aber wenn der Barbier im weißen Mantel mit blauem Kragen im Laden stand und mit seinem ratternden Handrasenmäher einem Kunden den Pelz auf dem Hinterkopf bis hinauf zum Wirbel stutzte, konnte man keinen Schuß aufs Schild riskieren. Der Figaro hätte einem sonst glatt seine Mähmaschine ins Kreuz geworfen.

Da drückten die Streuner doch lieber die Rotznasen ans ebenerdige Fenster des Schuhmachers Theodor Schittenhelm in der krummen Froschgasse, zu dem man die hartledernen Schnürstiefel brachte, wenn die Vorderkappen vom Roßbollenkicken abgestoßen waren und die

47

Sohlen neue Nägel brauchten. In seinem langen Schurz, dessen Bändel um den Leib liefen wie ein Reifen ums Mostfaß, und schließlich auf dem Rücken in einer Schleife endeten, saß der korpulente Schuster breit auf einem niederen Schemel vor dem Eisenfuß, werkelte mit Stiftenzieher und Kappenheber, mit Nagelheft und Fadenschere.

Gebannt verfolgten die Zuschauer, wie der Reparateur beim Besohlen sich Nagel um Nagel scheinbar aus dem Mund holte. In Wirklichkeit hatte er sie im Dutzend zwischen den Lippen aufgereiht. Die winzigen Stifte trieb er mit dem seltsam gebogenen Schusterhammer ins Leder, erst behutsam mit dem flachen Schnabelteil, dann wuchtiger mit dem runden Hammerkopf, der aussah wie ein plattgedrückter Daumen. Wunderbarerweise verschluckte der Nagelkünstler nie einen Metallstift, noch haute er sich jemals auf die Finger, so sehr die Kinder auch darauf lauerten. Manchmal warf der Schuh-Chirurg im Hintergrund die Ausputzmaschine mit Absatzfräse und Roßhaarbürste an, da wurden aus mehrfach restaurierten Trittlingen im Handumdrehen wieder Sonntagsschuhe.

10

GOTT GRÜSS' DIE KUNST

Fenstergucken wie beim bedächtig hämmernden Schuster Schittenhelm war ein beliebter Zeitvertreib. Immer wieder trieb es einen auch hinüber zu der kleinen Bude der Buchdruckerei Becht an der trübseligen Stadtammer zwischen Frosch- und Hirschgasse. Frösche hätten sich in dem Kanalwasser nicht wohl gefühlt, und Hirsche nicht daraus getrunken. Nur fingerlange Amphibien, die noch in keiner Doktorarbeit beschrieben waren, ruderten in dem flachen Rinnsal, von den Altstadtkindern mit zoologischem Auge in die Gattung der „Scheißhausgrundler" eingestuft.

Um einen Blick in die düstere Druckerei zu tun, die tiefer lag als die Straße, mußte man die Stirn an die Scheibe lehnen und die Hände wie Scheuklappen um die Augen legen. Gleich unter den Fenstern standen die Pultregale mit den Schriftkästen, aus denen ein langer Metteur die Bleibuchstaben fischte und sie im Winkelhaken zu Wörtern und Zeilen aneinanderreihte. Hinter dem Rücken des Setzers hebelte mit langem Eisenarm monoton eine Tiegeldruckpresse. Meist dauerte das neugierige Zugucken beim Becht nicht lange. Bald scheuchte eine wedelnde Hand die Zaungäste vom Fenster, als seien die grauen Schemen hinter den Scheiben beim Falschgelddrucken beobachtet worden.

„Schwarzkünstler" hieß man die Setzer und Drucker, wie Fritz von „Onkel Euges" aus der Belthlestraße wußte. Der war ein Freund seines Vaters und Buchdrucker bei Karl Bölzle in der steilen Marktgasse im Parterre der ehemaligen Wirtschaft „zur Sonne", die längst untergegangen war, deren lachendes blaßgoldenes Schild aber immer noch am Ausleger hing. „Gott grüß die Kunst", sagte der Euges zum Fritzle, wenn es ausgeschickt worden war, dem allzeit durstigen Jünger Gutenbergs ein Bier zum Morgenvesper in die sonnenarme Offizin zu bringen. Und der Fritz wußte auch schon Bescheid auf den althergebrachten Buchdruckergruß: „Gschisse ist ett brunzt", reimte sich trefflich auf „Kunst". Der Euges, der sonntags nie ohne gepunktete Fliege überm weißen Hemdkragen aus dem Haus ging, hatte ihm die weniger traditionelle Antwortformel beigebracht. Und der alte Schwarzkünstler und der halbwüchsige Bierbote lachten zusammen wie Verschwörer.

„Kommet, mir ganget en d'Ammergaß", stiftete der Mäx an. Die Ammergasse war gleichbedeutend mit Schmied Fritz Böbel, der sein handfestes Handwerk gleich neben Carl Binders Limonadenfabrik ausübte. Von Böbels Nachbar behaupteten böse Zungen, er mache seinen zuckrigen Sprudel aus Ammerwasser, aber kein Mensch hat den Hersteller jemals Wasser aus dem Algenkanal schöpfen sehen, und überhaupt war der künstliche Bach vor seiner Produktionsstätte im Erdgeschoß der „Storchen-Beiz" ja mit Brettern zugenagelt, wie vor jedem Hauseingang am Wasserweg. Carl Binders einfacher Handlanger Karle Panter hat das mit dem Ammerwasser auch immer energisch bestritten, obwohl er am Tag einer Kanalputzete einmal sagte: „Ammer abgstellt, Herr Binder heut koin Sprudel mache."

Zwischen Frühjahr und Herbst war die Türe von Fritz Böbels Werkstatt meist wagenweit offen. An der inneren Wand stand festgemauert in der Erden die Esse mit dem rabenschwarzen Rauchfang. Wenn der Meister zum Zug griff und den ledernen Blasebalg fauchen ließ, stachen spitzige Flammen aus den Kohlen, und helle Funken stoben wie bei einem Feuerwerk in den Rachen des Rauchfangs. Dem gedrungenen Mann mit dem gutmütigen runden Gesicht wuchsen dicke Schweißperlen aus der Stirn, die im glutroten Feuerschein wie Blutstropfen aussahen. Das war ein aufregendes Schauspiel, und jeder wollte jetzt lieber Schmied beim Böbel als Maler beim Gräter werden.

„I han no a Eise em Feuer", hatte der Fritz seinen Vater schon sagen hören. Aber was sollte dieser Spruch bedeuten, wo der Vater doch gar kein Schmied war? Der Schmied Böbel, ja, der hatte ein Eisen im Feuer. Mit langer Zange holte er das glühende Stück aus der Esse und legte es

50

auf einen zweihörnigen Amboß, der mit breiten Backen schwer auf einem zerklüfteten Baumstumpf saß. Der Mann im Lederschurz mit Glutlöchern drehte und wendete das brandheiße Teil auf der Plattform hin und her, während der Handhammer auf den Rohling niederfuhr, der sich bog, wie es der Meister wollte. Zwischen den strammen Schlägen aufs Eisen ließ der Schmied den Hammer ein paar Takte auf dem Amboß tanzen, dessen Rundhorn heller klang als das Armesünderglöckle von der Spitalkirche nebenan.

Unweit des „Storchen" in der Ammergasse war die Schmiedewerkstatt von Fritz Böbel für das kleine Fritzle und seine Freunde eine der Hauptattraktionen. Der Meister selbst steht links unter seiner Tür.

Brachte ein Fuhrmann oder Landwirt seinen Kaltblütler zum Beschlagen zu Fritz Böbel, wurde die Szene aus respektvollem Abstand betrachtet, denn man hatte schon unruhige Gäule gesehen, die scharrten und stampften und drauf und dran waren durchzugehen, dem Teufel zu. Und wie oft waren einem schon schlimme Geschichten zu Ohren gekommen von Pferden, die ausgeschlagen und einem Knecht den Brustkorb oder gar den Schädel zertrümmert hatten.

Der Schmied indes war ohne Furcht. Man bewunderte ihn, wie er den Gaul mit ein paar Patschern auf Hals und Hinterbacke in die richtige Position dirigierte. Wollte das Tier partout nicht parieren, konnte der Böbel einen Fluch fahren lassen, der noch auf der Krummen Brücke zu hören war: „Stohscht jetzt nô, du Heilandsakrament!" Und als hätte das Roß nur auf den Anschrei gewartet, stand es plötzlich lammfromm da und kaute friedlich auf der Trense. Mit schmiedeeisernem Griff packte der Böbel die Röhre des Gauls, knickte den Vorderfuß und hob ihn hoch, um das Laufeisen zu kontrollieren: „Total hee, dees mueß ra."

Ein Geselle übernahm das Heben, umklammerte wie ein Schraubstock den Pferdefuß mit beiden Händen, der Meister zog die Nägel aus dem Eisen, löste es vom Huf und schnipfelte mit einem Messer daran herum wie die Buben an einem Holzscheitle. „Duet dees dem Gaul ett weh?", fragte man beherzt den Schmied, der kurz aufblickte und aufklärte: „Dees isch doch Horn, ihr domme Kerle." Und das Horn rauchte und stank barbarisch, wenn der Böbel-Fritz das heiße neue Eisen anpaßte und es schließlich mit fünf oder sieben Nägeln auf dem Huf verankerte. Wie gerne hätte man ein altes ausgedientes Eisen gehabt, weil die Alten sagten, es bringe Glück. Aber keiner wagte, den Hufschmied um eines zu fragen.

Fritz Böbels Name wurde in der Unterstadt zur Redensart. Fragte ein Wunderfitziger seinen Nachbarn: „Mo hosch denn deine nuie Schueh her?", konnte der grinsend antworten: „Vom Schmied Böbel." Klagte einer über Zahnweh, wurde ihm mitleidsvoll geraten: „Gang doch zom Schmied Böbel." Kam einer mit einer zu kurz geratenen Käpselesfrisur daher, die ihm der leicht krummbeinige Frisör Richard Sindlinger von der Kornhausstraße verpaßt hatte, mußte er sich die spöttische Frage gefallen lassen, ob er zum Haareschneiden beim Böbel gewesen sei.

Früher hatte der Schmied oft bis in die Nacht hinein geschafft. Die Brauerei „Marquardt", die in ihren guten Zeiten über 30 Füchse hielt, führte ihre Wagengäule regelmäßig in die Ammergasse zum Beschlagen. Für die Schmiedegesellen gab es dann vom Besitzer ein paar Doppelliter Bier aus dem „Storchen", damit die Arbeit besser lief. Manchmal war die Ammer voller als einer, der seinen Zahltag umgesetzt hatte und mit Schlagseite die „Storchen"-Stiege herabkam, und oft fiel ein Kind beim Spielen ins hochgehende Wasser und trieb gurgelnd und schlegelnd in Richtung Krumme Brücke. Aber davor war der Böbel-Fritz! Hätte man bei jedem Bub und Mädle, das er rechtzeitig aus der Ammer zog, einen Strich ans Haus gemacht, wäre die halbe Wand verziert gewesen. Auf seine alten Tage rettete der Schmied sogar noch der stadtbekannten „Molly" aus dem Schreinerhaus Leuze das Leben. Seit er das Hundle aus dem Kanal gefischt hatte, hieß es „Moses".

11

Der Säger mit dem Saumagen

*G*anget ihr vo' dere Holzbeig 'ra, bevor ebbes bassiert!'", schrie die Nachbarin die Buben an, obwohl der Stapel nicht ihr gehörte und die Kinder nicht ihre eigenen waren. Nur zu gern turnten Fritz und Konsorten auf dem Meterholz herum, das an der Hauswand aufgebeigt war. „Höret ihr ett guet!", wiederholte die Nachbarin ihre Warnung. Tatsächlich waren in anderen Gassen schon Holzbeigen beim Spielen auseinandergehagelt und hatten Kinderfüße halb abgeschlagen. Saß der Stoß zu lange vor dem Haus, kam es vor, daß er die Schwindsucht bekam. Nicht selten fehlten über Nacht ein paar Stämme. Da hatte irgendeiner im späten Vorbeigehen links und rechts ein Trumm unter den Arm genommen, um seinen eigenen Holzvorrat zu ergänzen. „Die Haderlompe, die donnderschlächtige!", verfluchte Fritzens Vater die Frevler. Es war Zeit, daß man den Brennholzsäger Emil Horrer aus der Köllestraße oder seinen Zunftkollegen Jakob Trost aus der Weberstraße bestellte.

Die Sägmaschine, die gemächlich in die Gasse getuckert kam, sah aus, als hätte sie der Gottlieb Daimler vor seinem ersten Automobil gebaut. Vornedran ragte ein Steuerrad senkrecht in die Luft, daneben saß der Lenker mit baumelnden Beinen auf dem blanken Sägetisch, einen Fahrersitz hatte die wunderliche Kutsche nicht. Oben drüber wölbte sich ein Dach aus Blech, das wohl vor Sonne und Regen schützen sollte, aber die Holzsäger trugen sowieso immer eine flache Kappe mit Schild. Wie das fahrbare Sägewerk funktionierte, blieb ein Geheimnis.

Bei laufendem Motor, der das Gefährt bis zum Dach hinauf erzittern ließ, legte der Herr der Maschine einen Hebel um, worauf ein endloses Stahlband mit Haifischzähnen wie der Teufelsblitz vertikal über zwei

Räder fegte. „Etzet, auf gôht's!", schrie der Mann durch das Gelärme. Der Holzbesitzer schleifte die Stämme an und wuchtete sie auf den Maschinentisch. Der Säger rollte sie gegen das sausende Zackenband, das sie sirrend in handliche Rugeln zertrennte. Auf der anderen Seite nahm die Hausfrau die frischgeschnittenen Teile vom Tisch. Flink mußte sie sein, denn das Zersägen ging wie's Katzenmachen. War das Holz noch nicht ganz so trocken wie ein Käferfüdle, hatte es noch etwas Saft, verbreiteten die Schnittstellen einen kräftigen Duft nach Wald, der besser war als der samstägige Geruch der brausenden Fichtennadeltabletten in der Badewanne. Nach ein paar Durchgängen wischte der Maschinenmeister die sägemehlbestäubte Platte mit einem fettgelben Klumpen ab, der angeblich ein Saumagen war.

Die Kinder konnten es kaum erwarten, bis die Holzrugeln hinters Haus ins Höfle geschafft waren, denn sie gehörten zu den schönsten Spielzeugen. Bevorzugt war der Bau einer Gartenwirtschaft. Dazu wurde aus den halbdicken Stücken erst einmal ein Palisadenzaun hingestellt. In die Umzäunung rollte man im zweiten Bauabschnitt ein paar von den dicksten Rugeln, das gab die Tische. Drumherum wurden leichtere Hölzer als Sitze angeordnet. Schließlich suchten die Bauleute noch dünnere Teile aus, die kamen auf die Tische und stellten Biergläser dar. Einer mimte den Wirt, die anderen spielten die Gäste, und dann hub in der Gartenwirtschaft ein fröhliches Zechen an. Nach einer Weile markierten die Holzrugeltrinker einen Dullo, sangen dummes Zeug und weifelten in der Freiluftkneipe herum, daß die Biergläser von den Tischen purzelten. „Ihr Rauschkugle, ganget hoim!", donnerte der Wirt, und warf die Bande aus dem Gehege.

Man hatte ohnedies genug von der Wirtschaft, baute sie zur Abwechslung zu einer Schule um, die Holzrugeln jetzt in akkuraten Reihen als Bänke. Jeder wollte der Lehrer sein, weil der am meisten zu sagen hatte und die anderen herumstallieren konnte. Den Schülern wurde das verordnete Kopfrechnen bald langweilig, und schon rief einer meuternd: „En dr Wirtschaft war's aber viel schöner!" Der Herr Lehrer wurde kurzerhand abgesetzt und die Schule in ihre Bestandteile zerlegt. Die findigen Köpfe konstruierten nun eine Eisenbahn, mit der sie ohne Halt bis zu den Indianern nach Amerika fuhren.

„I werd' amol Häuptling bei de Mohikaner", brüstete sich der Günne. „Dir wachset doch gar koine Federe uffem Kopf", konstatierte der Mäx, und der Fritz meinte: „Do muesch aber noh viel Eier supfe." Der Helmut aus der Schulstraße, der drei Karl-May-Bücher besaß, hatte ihnen einmal den Bären aufgebunden, den Indianern würden statt Haaren Federn auf dem Kopf wachsen, weil sie als kleine Kinder keinen Schoppen, sondern rohe Hahneneier bekämen. Aber seit ein Vetter von Mäx gesagt hatte, das sei doch Humbug, glaubten sie nicht mehr so recht an die Federköpfe. Der Günne wollte trotzdem Indianer werden.

„Wenn's noh scho wieder dobe wär", stöhnte Fritzens Vater angesichts des Holzbergs hinterm Haus. Das Holz gab dreimal warm: beim Spalten, beim Hochschaffen auf die Bühne und schließlich beim Verfeuern im Herd und im Ofen. Das Zerkleinern der Rugeln mit dem frischgeschliffenen Beil war nicht das Schlimmste. Es gab kein Lotter am Haus wie an den alten Wengerterhäusern in der Nachbarschaft, mit dem man die Scheitle in Körben hätte zum Giebel hochziehen können. Der Baumeister Dannenmann hatte das Bühnenlädle so klein gemacht, daß kein Holzkorb durchpaßte. So mußte Ladung um Ladung über zwei halbgewendelte Treppen und eine handtuchschmale Bühnenstiege unters Dach geschleift werden. Um eine Flasche Bier fanden sich immer ein paar nachbarliche Helfer. Trotz großer Schlucke hielt der Wilhelm das Holztragen für herber als das Kartoffelhacken: „Bei dem G'schäft kösch deine Sünde abbüeße."

12

Es kommt ein goldner Wagen

OS ollet mr zom Ammerhopse oder Schobbis doa?", fragt der Walle. „Ett scho wieder an d'Ammer", wehrt der Fritz ab, „do ben i gestern neigfloge ond han dahoim da Ranze voll kriegt." „Also demmer Verstecke", einigt sich die Gassenspielbande. Beim Auszählen ist besonders ein Vers beliebt: „Enzerle zenzerle zizerle zäh, Eichele beichele knell!" Am Ende der Straße zwischen Fausers Puppenhäuschen und der breiten Schnaithschen Scheuer wohnt ja der Fuhrmann Aichele, daher die Vorliebe für den Abzählreim, der aber nie in Nähe des Aichele-Hauses heruntergesagt wird. Es herrscht die geheime Angst, der Aicheles-Fritz könnte mit der Fuhrmannspeitsche aus dem Scheunentor fahren, wenn er den Vers hörte. Doch der schaffige Mann hat wahrlich Besseres zu tun, als den Kinderschreck zu spielen. Manchmal sieht man ihn abends schwerfüßig in Rohrstiefeln und fleckigem Arbeitskittel beim Beck Wagner noch einen Stengel Brot holen, den er ohne Papier unter den Arm klemmt und heimträgt.

Einen großen Bogen macht man um den „Ganter". Der ist ein verwitterter Fuhrknecht und sitzt beim Aicheles-Fritz auf dem Altenteil. Beim Langholzfahren sei der „Ganter" verunglückt, es habe ihm damals im Wald ein Bein abgeschlagen, haben die Kinder gehört. Der verkrüppelte Mann hat einen Holzfuß, geht selten vors Haus, aber wenn er langsam übers Pflaster stelzt, ist er den Kindern unheimlich. „Der duet koim Mensche ebbes", beruhigt immer wieder der Mäx, und der muß es wissen, wohnt er doch direkt hinterm Aichele-Haus und kennt den alten „Ganter" gut.

„Lotte hat ins Bett geschissen, mitten aufs Paradekissen, eins zwei drei, und du bis frei!", zählt der Alois aus. Beim „Pfeilschobbis", das oft durch die halbe Altstadt führt, legt er eine Kreidespur zu den „Siebe Wenkela", einem geheimnisumwitterten Labyrinth hinter der Judengasse. Die angeblich sieben Winkel sind feuchte Durchschlüpfe zwischen den dämmerigen Häusern, aus deren Eingängen es modrig riecht. Über das Gewinkel gehen die wildesten Geschichten um. Dort seien nachts schon Menschen verschwunden. Auch bei Tag sei es nicht ganz geheuer an dem Ort. Hasengroße Ratten hausten dort und würden einen anfallen. Ein kleines Kind sei einmal ganz abgenagt worden. Und doch wagt man sich trotz Gänsehaut in das Schattenreich, dem man wunderbarerweise jedesmal wieder lebend entrinnt. Es kann allerdings passieren, daß man in den Gruselgängen einen lauwarmen Guß aus einer finsteren Luke auf den Kopf bekommt.

Gab sich einer mit den andersgeschlechtlichen Gassengeschöpfen ab, handelte er sich schnell den Spottnamen „Mädleswieseler" ein. Nun war das Spielen in der Bubengesellschaft ja ganz schön, aber manchmal fand man es auch langweilig, immer nur unter sich zu sein. Wurde einer zum Überläufer, folgten auch die andern, als hätten sie nur darauf gewartet, daß einer den ersten Schritt zu den Mädchen hin tue. Man träumte nachts noch nicht von ihnen, aber die bezopften Wesen waren allesamt lieb. Eine

Der Fritz mit drei von seinen Freundinnen. Ob auch die schwarze Charlotte darunter ist?

roch nach Kernseife, die andere nach Pfannkuchen, die nächste nach Himbeerbonbons. Favoritinnen waren jene, die aus anderen Vierteln oder gar fremden Städten stammten und in die Gasse hereingeschneit kamen, weil da eine Tante oder Oma von ihnen wohnte. Seltsamerweise hatten die Besucherinnen alle schwarze Haare und trugen so schöne Namen wie Charlotte, Ruth oder Lieselotte. Wenn die Charlotte das Brückenspiel anzettelte, reihten sich auch die Buben ein und sangen: „Machet auf das Tor, machet auf das Tor, es kommt ein goldner Wagen…"

An einem sonnigen Sommernachmittag lockt die freche Charlotte flüsternd ins halbdunkle Erdgeschoß bei ihrer Großmutter, wo eine Futterschneidmaschine steht und es warm nach Kühen riecht. Alle dürften jetzt ihr „Sparbüchsle" sehen, kündigt die Charlotte an, lüftet ihr geblümtes Kleid bis hinauf zum Nabel und zieht ihr blaugestricktes Höschen nach unten bis zu den Knien – und niemand schaut weg. Dann aber verlangt die Schamlose doch glatt eine Gegenleistung für das Gebotene. Die andern Mädchen müßten das Gleiche tun und die Buben auch ihre Sachen zeigen. „Ond wenn ebber kommt?", fragt einer ängstlich. „Wer soll denn komme?", beruhigt die Spielmacherin. Und bald ist unter leisem Herzklopfen und lautem Kichern die schönste Entblößungsschau im Gang. Die Mädchen lupfen keck den vorderen Rockzipfel, während die Buben an den Hosenknöpfen fingern und eine Abart spielen von „Machet auf das Tor". Plötzlich brüllt im Stall eine Kuh, daß alle zusammenschrecken wie bei einem Kanonenschlag, und im Nu sind alle Schaustücke wieder verhüllt, wie sich's gehört. „Wenn ihr nix verrotet, spielet mir 's nächstemol Dokterles", verheißt die schwarze Charlotte, „aber dobe em Heu."

13

DER ANDERE WIND

Jessesgott, was für ein Tag! Das kleine Bubenherz schlägt einmal bis zum Gurgelknopf, einmal rutscht es tiefer als die kurze lange Hose, die bis zum Rand der Kniestrümpfe reicht. Innen drin im Bauch krabbelt ein Tausendfüßler immer rundherum. Die Füße in den schwarzen Schnürstiefeln mit Haken sind schwer wie Blei. Leicht dagegen trägt sich der Schulranzen auf dem noch unverbogenen Kreuz. In der braunen Lederhülle sind nur eine Schiefertafel mit weißem Putzlappen an einer gehäkelten Schnur, ein rotes Schwammbüchsle, ein doppelstöckiger Griffelkasten und die Fibel mit den gemalten Bildern und Buchstaben. „Jetzt gôht a' andrer Wend", hatte der Vater zum Fritzle gesagt. Der andere Wind, das war die Schule, das unbekannte Wesen. „Brauchst koi Angst han", versucht die Mutter zu beruhigen. Angst ist es nicht direkt, was den Schritt der sonst so flinken dünnen Beine hemmt. Eher ein großes Unbehagen. Aus den anderen Gassen trotten frischgekämmte Leidensgefährten der Uhlandschule in der Grabenstraße zu, halten sich an der Hand der Mutter und an der Schultüte fest, die man nicht einmal vor dem Gang ins Ungewisse hat aufmachen dürfen. So ein Beschiß! Ob Tante Ruth vom Schüle das gewußt und einem verschwiegen hat? Jetzt waren Fritz und Genossen also Abc-Schützen. Wieso eigentlich „Schützen"?

Schießen könnte man schon. Auf die größeren mostköpfigen Schüler nämlich, die gerade Pause haben und grinsend auf der Straße stehen. Beim Einzug in das nach Bodenöl muffelnde Schulhaus begleiten sie die verschüchterten Anfänger mit dem Spottvers: „Erstkläßler, Tentafäßler, gôht en d'Schuel ond ka' nix", ein paar von den vespermampfenden Simpeln grölen: „Butterschüeler, Suppetrieler", bis der Schuldiener Adolf Kehrer ihre Pause mit dem Schrei: „Ganget nei, ihr Wartsaalschlamper!" beendet und die frechen Kerle in ihre Klassenzimmer scheucht.

Die Mütter müssen ihre Sprößlinge von der Hand lassen, sie werden zwei und zwei in abgeschabte Bänke mit eingebauten Tintenfäßle verfrachtet. Ein Kamerad weint leise, und einer macht noch leiser in die Hose. Der Fritz sieht das, weil der Mitgefangene vor ihm sitzt und sich unter seiner Bank eine kleine Pfütze bildet, wie von einem Hund. Der Mäx und der Heinzle, der Alois und der Walle, der Horstle und der Günne gehören mit zum Haufen, lauter vertraute Gassengesichter. Wenn die auch da waren, konnte es nicht so schlimm werden. Ein kleiner Schülerchor jubiliert zweistimmig „Alle Vögel sind schon da." Das paßt, denn es ist ja April. Der Klassenlehrer, der sich als „Herr Müller" vorstellte, streicht persönlich die Geige zu dem Willkommgesang. Der Tausendfüßler im Bauch schläft langsam ein.

Herr Müller, ein großer hagerer Mann mit grauem Haarbusch und Charlie-Chaplin-Bärtchen, gibt jedem die Hand, und nennt die Wichte vertrauenerweckend „liebe Buben". Er redet nicht viel, nur etwas von Lesen und Schreiben, das man jetzt miteinander lerne, und daß man auch aufpassen und fleißig sein solle. Jeder bekommt noch einen Stundenplan geschenkt mit einem Aufdruck von der Sparkasse: „Haste was, biste was." Und dann hat es sich auch schon für den ersten Tag.

Vater Christian war froh, daß sein Fritz in die Uhlandschule und nicht in die Silcherschule beim Feuerwehrhaus gekommen war. Er sagte es. „Warum?", wollte der Erstkläßler beim Ausbeinen der orangefarbenen Schultüte wissen, die halb herauf mit Zeitungspapier gefüllt war und ein paar Wäffele und Rahmbonbons enthielt, zuunterst auch ein Täfele „Mauxion"-Schokolade mit Rautenmuster.

„Dees verstohst du noh ett."

In der Silcherschule mit der langen übermannshohen Backsteinmauer um den Pausenhof war die Aufnahmefeier nicht fröhlich-bescheiden mit dem Alle-Vögel-Liedchen abgelaufen. Dort hießen die Neulinge nicht mehr wie seit eh und je Abc-Schützen, sondern „Schulrekruten". Es stand in der Zeitung, hinter der Fritzens Vater beim Zitieren den Kopf schüttelte. In der Silcherschule hatte Oberlehrer Hager vor den Erstkläßlern und ihren Eltern über „das gewaltige Geschehen der letzten Wochen mit der Errichtung des Großdeutschen Reiches" gesprochen. „Millionen deutscher Volksgenossen haben dem Führer das ganze Vertrauen und ihre Herzen geschenkt", frohlockte der Oberlehrer.

Die Kinder hätten vielleicht lieber ein Kasperletheater oder einen lustigen Film gesehen, statt dessen redete da in der düsteren Turnhalle im Untergeschoß ein untersetzter Mann mit einem runden Abzeichen am Revers von den drei Erziehungsfaktoren „Elternhaus, Schule und Hitlerjugend, die zusammenwirken, um unsere Jungen und Mädchen zu Nationalsozialisten heranzuziehen, wie der Führer sie braucht". Der Schulleiter beendete die Stunde mit einem „Sieg-Heil auf den Führer Adolf Hitler", von dem die Kinder nicht recht wußten, wer das war und was der führte.

Die Tübinger Uhlandschule, auf die der kleine Fritz Holder ging.

Die Männer, die ab und zu ins Haus kamen und die Fritz als alte Freunde seines Vaters kannte, waren nicht mehr so lustig wie früher. Da hatten sie am Küchentisch manchmal ein Remmingsheimer Bier aus der Flasche getrunken, den Fritz am Kopf getätschelt und gefragt, wann er in die Schule komme. Sie waren schon bei Fritzles Taufe dabeigewesen. Nicht bei der heiligen mit dem Pfarrer Tüchle, sondern bei der mehr weltlichen zweiten Taufe in der Waschküche, wo der Vater des Stammhalters ein Fäßle schäumenden „Holdersaft" angestochen hatte. Fritz kannte die Männer auch von Bildern in Vaters leinengebundenem Album, das mit zwei roten Kordeln zu verschließen war. Auf einem der Fotos trugen die Freunde Wanderblusen und hatten Lauten und Gitarren dabei. Ein anderes Bild zeigte sie in Mützen auf einem offenen Lastwagen unter einer einfarbigen Fahne.

„Was schwätzet die denn emmer en dr Küche?"

Die Mutter wußte es, konnte es dem neugierigen Buben aber nicht erklären. Er hätte es noch nicht kapiert.

14

Säbel gegen Terzerol

ieviel hôsch du?", fragt der Edmund den Fritz.
„Viel", prahlt der.
„Wieviel?"
„Hondert."
„Du lüegscht!"
Fritz greift in seinen Hosensack, den ohne Loch, und bringt eine Handvoll Murmeln hervor. Hundert sind es wahrhaftig nicht. In der Altstadt heißen die kleinen Kugeln Glucker oder Stoinis. Manche sind farbig, glänzen sogar silbrig oder golden, aber meist geht der Lack bald ab, dann sehen sie recht scheckig aus. Beim Dauth in der Hafengasse kosten die billigsten Murmeln aus Ton einen halben Pfennig. Es gibt gute Tage, an denen man zufällig auf der Straße verlorenes Geld findet, ein Zwei-Pfennig-Stück, ein Fünferle. Die Funde werden in der Faust im Laufschritt zum Spielwaren-Dauth getragen und auf dem eichendunklen Ladentisch in Glucker umgemünzt.

Das Höchste war der Besitz einer Agat, einer Glasmurmel mit eingeschlossenen Spiralen in den Regenbogenfarben. Kam der Name Agat oder Gagat vielleicht von Achat? Die strahlenden Spielkugeln waren tatsächlich kleine Edelsteine. Eine Agat konnte man sogar auf dem Pflaster hüpfen lassen, ohne daß sie zersprang. Ein einfacher Glucker dagegen tat keinen einzigen Hopser, blieb am Boden liegen wie eine faulige Kirsche. Beim Zielwerfen gegen ein Löchle in der Kandel einen glitzrigen Glucker zu gewinnen, machte das kleine Herz glücklich. Eine Agat war mindestens so viel wert wie zehn lackierte Stoinis. Mit Dreckbatzen, den ganz billigen braunen Kugeln, war so ein Solitär gleich gar nicht aufzuwiegen.

Kerle wie der Fritz vergrößerten ihren mageren Bestand mit Gluckern aus eigener Fabrikation, man fand ja nicht alle Tage Geld auf der Straße, um das Kugelhäufle vermehren zu können. Aus lehmhaltiger Erde wurden zwischen den Handtellern mehr oder weniger runde Gebilde gedreht, die man an der Sonne trocknen ließ. Sie wurden aber bald mürbe und hielten nicht lange. Waren die Eigenerzeugnisse beim Gewinnspiel nicht sonderlich geschätzt, eigneten sie sich bestens als Wurfgeschosse oder Munition für die Schleuder aus einer Haselnußgabel. Gegen eine Hauswand geschossen, zerplatzten die Lehmbollen mit trockenem Knall und sprenkelten den Putz. Die Hausbesitzer hatten allerdings etwas gegen diese Abwandlung des Murmelspiels, vor allem, wenn die Schützen auch noch mit Eierkohle eine Zielscheibe auf die Fassade gemalt hatten.

Wer viel Stoinis hatte, wurde beneidet. Man zählte sie fast täglich. Unerklärlicherweise besaßen die Mädchen immer die meisten Agaten, sogar in verschiedenen Größen. Die Spielfreundinnen hatten zudem extra für die Klucker genähte Säckchen, oben mit einem Bändel zum Zuziehen und Verschnüren. Verschenkt wurde eine Agat nur selten. Da mußte einer schon eines Mädchens ausgesprochener Liebling sein. Das Gustävle bot einmal seinen ganzen rauhen Charme auf und versuchte es mit einem Kuß, was ihm aber nur einen Schlag auf den kurzrasierten Kopf einbrachte – mit einer Agat.

Eine Glasmurmel wurde höchstens im Tausch gegen eine polierte Stahlkugel aus einem demontierten Kugellager aus der Hand gegeben, denn diese verchromten Rundlinge waren die Diamanten unter den Kluckern. Mit ihnen ließ es sich vortrefflich „fuggere". Gegen drei oder gar fünf Silberkugeln gab man im Tauschhandel ohne Zögern das Jahrmarkts-Taschenmesser mit den zwei stumpfen Klingen, die verstimmte Mundharmonika oder den Taschenspiegel mit Sprung her.

Das Fuggere – nicht nur mit Kugeln – war ein alltäglicher Sport und weit verbreitet. Mit zunehmendem Alter stieg der Wert des Fugger-Guts: Rolf-Torring-Heftle gegen John-Kling-Abenteuer, Old Shurehand I gegen Winnetou II, Feuerzeug gegen Fahrradglocke, Kopfhörer gegen Dynamo, Brennglas gegen Indianerschmuck, Wasserfarbkasten gegen Glasschneider, Taschenlampe gegen Kompaß, Stilett gegen Opernglas, Säbel gegen Terzerol… Teils war es „heiße Ware", die aus einem Schließkorb auf dem Speicher oder aus einer väterlichen Schublade stammte.

„Mo brengst denn dees wieder her?", fragte die Mutter scharf wie ein Schutzmann, wenn sie unterm Bett des Spößlings ein Ding entdeckte, das bisher nicht dort gelegen hatte. Das Verhör endete in den meisten Fällen mit der muttergerichtlichen Verfügung, das Fugger-Stück unverzüglich dorthin zurückzubringen, wo es hergekommen war.

„Aber dr Günne gibt mir mei Feuerwehrauto nemme!"

„Dees isch mir egal, aber der ausgstopfte Habicht kommt mir sofort aus-em Haus!"

Man beugte sich der Justiz. So war's dann auch wieder mit dem Fuggere. Ob sich die Bezeichnung für die beliebte Tätigkeit noch von den Augsburger Fuggern herleitete, den reichsten Händlern des Mittelalters, von denen man in der Schule hörte – wer weiß?

Ausgekochte Altstadt-Fuggerer verstanden es, andere liederlich übers Ohr zu hauen. Wenn „a'fuggere" bedeutete, möglichst billig zu einem begehrten Objekt zu kommen, dann beherrschte manch einer dieses Gewerbe wie ein alter Gauner. Hatte so ein Oberfuggerer einen Gegenstand ausgemacht, den er unbedingt besitzen wollte, verfolgte er sein Opfer tagelang und schwatzte ihm schließlich ab, auf was er scharf gewesen war. Seinen zum Tausch angebotenen Ramsch wußte er so schmackhaft zu machen, daß der Partner glatt darauf hereinfiel. Erst zu Haus merkte man, daß bei der Blechmaus zum Aufziehen die Feder kaputt war. Solch krummer Handel sprach sich natürlich herum. Die unlauteren Fuggerer wurden geächtet, man ließ sich mit ihnen auf nichts mehr ein. Auch der Fritz lernte dazu. Als ihm einer eine Windmühle mit Triebel andrehen wollte, die beim vorsorglichen Ausprobieren gar nicht lief, schlug er dem Anbieter einen Stecken ins Kreuz und hieß ihn einen Saukopf, einen elenden.

15

DIE TODESFAHRT IM TEUFELSRAD

Der Fritz verfügte über ein Spielzeug, wie es weit und breit niemand hatte. Es stammte nicht vom Dauth in der Hafengasse und nicht vom Kaufhaus Euler am Marktplatz, sondern von seines Vaters ausrangiertem Lastwagen. Von dem Transporter waren Reifen und breite lederne Sitze samt Lehnen übriggeblieben. Mit ihnen wurde das kiesbestreute Höfle hinterm Haus im Handumdrehen zur Manege. Auf dem Boden nebeneinandergelegt, entstand aus den Autopolstern mit ihren stabilen Sprungfedern das schönste Trampolin. Fritz und Co. hüpften darauf herum wie die Clowns und brüllten dazu im Chor: „Im Zirkus Sarrasani, da ist es wunderschön, da kann man um drei Pfennig den dummen August sehn!" Bei der nichtoffiziellen letzten Zeile schnappten die Akrobaten fast hinüber vor Lachen, hieß es zum Schluß doch: „...und zwischen seinen Beinen, da hängt die Leberwurst". Als ob sie genau darauf gelauert hätte, fuhr die ledige Nachbarin Karoline wie eine Furie aus ihrer Hütte und schimpfte die ausgelassenen Zirkuskinder „verdorbene Bürschle", was kein Wunder sei, denn „do send de Alte nix, de Alte nix . . ."
Die Schau ging weiter, trotz Karoline. Der Tigersprung wurde erfunden. Zwei hielten einen Autoreifen hoch, einer hechtete durch den Pneu und rollte sich auf den weichen Polstern ab. Nächste Stufe war der waagrechte Flug durch zwei Reifen. Diese kühne Nummer wurde stolz der Todessprung genannt. An einem sonnigen Nachmittag wagte Hausmitbewohner Otto einen Salto vom Mäuerle, das auf der Grenze zu Nachbars Krautgarten stand. Nach dem sensationellen Überschlag in der Luft landete Otto ohne Schaden auf den Autositzen. Und wieder war eine Zirkusnummer geboren.

Das Höfle war erst ein Geheimtip, dann nicht mehr. Das halbe Viertel wollte Trampolinspringen, bis Fritzens Vater, dem das dauernde Geläuf durchs Haus in den Hinterhof zuviel wurde, der Kugelfuhr ein Ende machte. Auf der Gasse erfand der Otto eine neue Attraktion: Die „Todesfahrt mit dem Teufelsrad". Dazu setzte man sich in einen Autoreifen, zog die Beine und das Genick ein, quetschte sich so ins Gummirad, daß man nicht herausfallen konnte, und ließ sich von einem Anschucker davonrollen, bis man nicht mehr wußte, wo oben und unten, ob man Männle oder Weible war.

„Menschen, Tiere, Sensationen!", lautsprecherte der Fritz durch die hohlen Hände, und gleich wimmelte es auf der Gasse von Bewerbern für eine Todesfahrt im Dunlop. Nach zwanzig, dreißig Umdrehungen taumelte jeder mit gestörtem Gleichgewicht aus der Zentrifuge, jedem war es ganz durmelig und er erkannte die Welt nicht mehr, die sich wie ein Windrädle um ihn drehte. Das Betäubungsspiel schleuderte einem zwar den Magen in den Hals, aber es erzeugte ein rauschhaftes Schwindelgefühl, das Vergnügen bereitete. Das Teufelsrad war wahrlich teuflisch, mit ihm konnte man bis an die Grenze zur Bewußtlosigkeit fahren. Als Dauerspiel eignete sich die Fahrt mit dem Reifen nicht, also sann man auf neue Sensationen.

Fritzens Idee mit dem Seiltanzen erweist sich als nicht ganz glücklich, wenn sie zunächst auch imponiert. Der tollkühne Artist wickelt Mutters Wäscheseil von der Holz-

Blick in die Bachgasse, Weltmittelpunkt für den kleinen Fritz.

haspel, spannt es zwischen zwei Dachrinnen quer über die Straße, hängt sich mit Händen und Füßen daran und will sich zu einem Kunststück hinaufziehen. „Menschen, Tiere…", fängt er wieder an zu trompeten – bis „Sensationen" kommt er nicht mehr. Mitten im elegantesten Schwung gibt der Strick, eine Dachrinne, ein Kloben oder alles zusammen nach, der Gaukler ohne Netz fällt herab wie eine teige Birne vom Baum, nur ist unter ihm kein Gras, sondern Pflaster, und das ist sehr hart. Fritz vernimmt einen dumpfen Schlag. Das war sein Kopf. Dann hört er einen Trommelwirbel wie im Zirkus und sieht viele bunte Sterne. Als er wieder aufwacht, liegt er mit einem Umschlag in der Bettlade, hat eine Gehirnerschütterung und muß drei Tage hinter verdunkelten Fenstern verbringen. Von da an begnügt er sich längere Zeit mit der Rolle des Zuschauers.

In Schäfers Hinterhoftheater gaben die Nachbarsmädchen auf der mit Rupfensäcken ausgestatteten Naturbühne zwischen schiefen Holzschöpfen ein Stück. Es hatte keinen bestimmten Titel, hieß einfach „Theater", und die Handlung wurde von Spielminute zu Spielminute in freier Improvisation erfunden. Der Eintritt kostete einen Pfennig. Die Bänke waren schnell ausverkauft. Wer kein Geld hatte, durfte trotzdem dableiben und zuschauen, von einem Stehplatz aus. Eine Königin mit einer Blechbüchse als Krone trat auf, ein armes Kind mit einer Puppe ohne Arme kam ins Spiel, eine herzerschütternde Tragödie stand in Aussicht. Leider erfuhr das hochverehrte Publikum den Fortgang und Schluß der Geschichte nicht. Darstellerin Ilse wurde von ihrer Mutter gesucht. Die hatte bemerkt, daß ihre weiße Sonntagsbluse in der Kommode fehlte. Ilse hatte sie ungefragt als Kostüm fürs Theaterspielen genommen. Die Schauspielerin bekam Schläge statt Beifall. So endete früh eine Karriere.

Wie gerne hätte man einmal richtige Schauspieler erlebt, solche vom Film. Sehnsüchtig strich man um die aufregenden Standfotos in den schmalen Schaukästen am Hirsch-Kino. Da blickte einem mit nachtschwarzen Pupillen unter wilden Augenbrauen Harry Piel neben einem fauchenden Tiger ins leuchtende Bubenauge, da pendelte Luis Trenker an einem Eispickel in schroffer Wand über einem unendlichen Abgrund, da flog René Deltgen in einem Doppeldecker durch die grüne Hölle des Kongo. Leider war man für das Kino noch zu jung, und hätte auch die 50 Pfennig für den Eintritt nicht gehabt.

Der Schulkamerad Hans G. wohnte in der Hirschgasse direkt neben den Hirsch-Lichtspielen. Nun behauptete der Hannes eins ums andere Mal, er sehe ohne Geld jeden Film im Hirsch, denn sein Haus und das Filmtheater seien zusammengebaut und in der Wand sei ein rundes Loch, durch das er mit einem Auge genau in den Kinosaal gucken könne. Auf den Gedanken, daß die Sache mit dem Guckloch vielleicht pure Schwindelei war, kam zunächst keiner. Jeder wollte der Freund von Hans sein, um einmal durch den geheimen Durchbruch spähen zu können, der angeblich nur so groß war wie eine Flaschenöffnung. Aber man konnte den Kameraden von der Hirschgasse bitten und anbetteln wie man wollte, nicht einer kam je in den Genuß einer Vorstellung.

„I derf niemand mit ruff brenga“, wiegelte der Hans jedesmal ab.

„Aber wenn dei Muetter fort isch?“

„No au ett!“

Eines Tages zog sich der Hirschgäßler elegant aus der Affäre. Das Loch zum Kino sei entdeckt und zugemauert worden, erklärte er mit Pokergesicht, und verlor daraufhin zahlreiche Trabanten. Einer von den Geprellten kam ihm später auf die Schliche. Er stellte mit Adlerblick fest, daß das Hannes-Haus und das Kino durch einen schmalen Winkel getrennt waren und nicht aneinanderstießen, es also unmöglich war, in den Filmsaal zu linsen. Es sei denn, der Hans hätte ein langes, spezielles Guckrohr gehabt.

Manchmal spielte der Fritz zu Hause selber Kino. Ein Vetter aus Stuttgart hatte ihm leihweise einen blechernen Lichtbildwerfer mit Kamin überlassen. Das Gerät hatte ein Türle auf der linken Seite, damit man eine Kerze ins Gehäuse stellen konnte. Das war die Lichtquelle, deren Schein ein angerosteter Hohlspiegel verstärkte. Mit dem Blechapparat ließen sich tatsächlich bunte Bilder auf die weißgestrichene Küchentüre werfen. Aber das Programm war dürftig. Es gab nur wenige längliche

Glasplatten mit vier, fünf bunten Bildern zum Projizieren. Eine paar exotische Tiere glotzten in die Küche, ein paar ulkige Menschengestalten trieben stumm und starr Allotria, und dann war die Schau auch schon beendet. Nach dem zweiten Durchschub der Glasstreifen wurde es langweilig und ohnehin Zeit, die Laterna magica zu löschen, denn die Kerze heizte die Lichtbildmaschine so auf, daß der schwarze Lack zu qualmen anfing und das ganze Studio verstank. Bei einem Besuch übers Jahr nahm der Vetter, der auch Fritz hieß, die Bilderbox wieder mit nach Stuttgart. Dort ist sie verschollen.

Es kam der wunderbare Tag, an dem in der Bachgasse die Bilder laufen lernten. Der schon halb erwachsene Helmut K., genannt „Kella", der gegenüber der Freibank an der Ecke zur Schulstraße wohnte, war in den Besitz eines Filmprojektors gelangt. Nun lud er zur Premiere in den Souterrain des elterlichen Schuhmacherhauses. Geschäftstüchtig verlangte der Helmut fünf Pfennig Eintritt. Das war zwar fünfmal so viel als Schäfers Hoftheater gekostet hatte, aber dafür sollte man ja einen richtigen Film wie im Kino geboten bekommen, nur ohne Ton.

Die Spannung war unerträglich, bis der Operateur endlich die Glühbirne an der Decke ausknipste und seine Unterhaltungsmaschine anwarf. Unter lautem Surren erschien zuerst ein helles Rechteck mit Perforation auf dem Leintuch an der Wand, dann folgte in Druckschrift der vielversprechende Titel: „Das sprudelnde Wasser". Jetzt sah man einen Mann mit Melone daherflimmern, der eine Wirtschaft betrat, sich an einen Tisch setzte, dem Kellner winkte und eine Flasche Sprudel bestellte, aus der beim Öffnen eine Fontäne schoß, die nicht mehr aufhörte. Der Ober wurde patschnaß, der spitzbärtige Gast auch, zudem einige Damen in Florentinerhüten an den Nebentischen, schließlich kippte der durchweichte Mann mit dem Stuhl nach hinten. Das war's.

Der Sprudel-Spaß hatte keine drei Minuten gedauert, eher nur zwei. Das hochentzückte Premierenpublikum klatschte Beifall und wartete auf den nächsten Film. Der kam aber nicht, weil der Vorführer nur den einen Streifen mit der Wasserflasche hatte. Bevor die Besucher murrten und den Eintritt zurückverlangten, spulte der Helmut den dürftigen

Klamauk nocheinmal ab, und zwar rückwärts, so daß der Wirtshausgast sich mit dem Stuhl vom Boden erhob und der Sprudel in die Flasche zurückrauschte, und alle waren's zufrieden. Weil aber das Programm im Privattheater an der Ecke nicht wechselte, blieben die Gäste nach und nach aus, und der Kinobesitzer stellte den Betrieb ein.

Altstadtbewohnerinnen.

16

Kreuze gegen Hitler

nderthalb Wochen bevor Fritz in die Schule gekommen war, und drei Tage nach seinem Geburtstag war „Volksabstimmung" gewesen. Es ging in einem Aufwasch um den Anschluß Österreichs an Deutschland und um die Hitler-Wahlen zum Großdeutschen Reichstag. Auch Fritzens Eltern und deren Freunde waren an jenem zweiten Aprilsonntag 1938 zur Abstimmung gegangen, die einen ins Wahllokal Gewerbeschule, die andern in die Hölderlinschule oder ins Rappschüle. Am Tag danach studierte der Vater von Fritz die Zeitung ausführlicher als sonst. „Horch amôl", sagte er zur Mutter, und las ihr aus der Chronik die Wahlergebnisse vor.

In der Gewerbeschule hatten sechs Leute mit „nein" gestimmt, in der Hölderlinschule waren es acht, im Kinderschüle Rappstraße gar 14, die ihr Kreuz in den Nein-Kreis gesetzt hatten. Das Rappschüle überbot noch knapp das Ergebnis des Wahllokals Gasthaus „Engel" in der vorderen Hechinger Straße, wo 13 Männer und Frauen mit dem Bleistift gegen Hitler Front gemacht hatten. Die Vororte Lustnau und Derendingen eingerechnet, zählte der verlorene Haufen der Tübinger Nein-Stimmer nur 128 Köpfe. Die Widergänger waren fast alle namentlich bekannt. Sie sollten noch für ihre Entscheidung büßen müssen. In den 24 Abstimmungsbezirken hatten um die 20 000 Tübinger und Tübingerinnen den Hitler gewählt. „Guet Nacht, Deutschland", sagte Vater Christian, und steckte das ausgelesene Blättle zu den andern in den Zeitungsständer. Immer bevor er überquoll, wurden die Ausgaben in handliche Stücke zerschnitten und im Klo auf den Wandhaken gespießt.

Den Männern und Frauen, die gegen Hitler gestimmt hatten, brannte sich der Wahlsonntag unauslöschlich in den Kopf ein. Der „Tag des

Schaufenster in der Neckargassse zur „Anschluß"-Abstimmung von 1938. Einige Tübinger wagten es, mit einem Nein zu stimmen.

großen Bekenntnisses", wie ihn die Sieger nannten, war auch äußerlich wetterwendisch. Ein rauher Wind fuhr über die Stadt, trieb Schnee und Hagel in die Gassen, ließ Hakenkreuzfahnen, Girlanden und Transparente einen Veitstanz vollführen. Kaum hatte es an diesem trüben Sonntag getagt, weckte Lärm die braven Bürger. Unter trotzigem Gesang, dumpfem Getrommel und blechernem Fanfarenklang zogen Hitlerjugend und Mädelbund, Jungvolk und Jungmädel mit ruhig festem Schritt über die Straße und „folgten der schwarzen Fahne mit dem heiligen Zeichen darin". Sie hatten früh aufstehen müssen, aber was tat man nicht alles dem Führer zuliebe, dem großen Freund der Jugend. Und so sangen sie denn wacker das Lied von Reichsjugendführer Baldur von Schirach: „Wir marschieren für Hitler durch Nacht und durch Not, mit der Fahne der Jugend für Freiheit und Brot", derweil es sie in den kurzen Manchesterhosen gottserbärmlich an die nackten Knie und in den weißen Mädchensöckchen an die Beine fror.

Von der Stiftskirche hatte es noch nicht acht geschlagen, da liefen schon die ersten Tübinger zielstrebig in Richtung Wahllokale, als gäbe es dort etwas umsonst. Im Rathaus thronten in voller Montur die Herren der neuen Zeit. Droben in den Amtsstuben hatte die Wahlleitung der NSDAP ihr Lager aufgeschlagen. Drunten auf dem Marktplatz zwischen Kaufhaus Euler und Café Pfuderer standen ausgerichtet die Limousinen des NS-Kraftfahrkorps, das Alte, Sieche, Blinde und Lahme zwischen Wohnung und Wahllokal hin und her transportierte. Auch eine seit Jahren gelähmte Frau, die führerbegeistert unbedingt selber im Rathaus ihr Kreuz machen wollte, war von den livrierten Korps-Chauffeuren herkutschiert worden. „Daß ich das noch erleben durfte", stammelte sie immer wieder bewegt.

In der Altstadt hatte eine Einwohnerin ausgerechnet am Wahltag Wehen. Keine von politischer Natur im Kopf oder in der Seele, sondern richtige weiter unten. Ihr Kind machte sich am hellen Nachmittag auf den Weg nach draußen in die glorreiche Zukunft – und sie hatte doch zum Wählen wollen! Für die hochprozentige Volksgenossin war die Geburt allerdings kein Hindernis. Trotz der Niederkunft, und kaum daß die Nabelschnur im Eimer lag, bereicherte die stolze deutsche Mutter die Wahlurne noch um einen Stimmzettel.

Selten waren so viele Leute auf einmal auf den Gassen wie an jenem Sonntag. „Was isch denn heut los?", fragte der Fritz, als er von einem Gang zum Café Walz an der Ecke Kirchgasse und Kronenstraße heimkam. Er hatte bei Meisterzuckerbäcker Rudolf Walz, dessen stadtberühmte Konditorei sein Vater mit Milch und Sahne belieferte, ein paar Törtle zum Sonntagskaffee holen dürfen. Gegen die hoffähige Patisserie aus dem Hause Walz zog Mutters ansonsten leckerer Käskuchen absolut den kürzeren. Die Sonntagnachmittage mit Törtle aus der Kronenstraße waren die reinsten Feiertage, nur gab es sie zu selten.

Auf dem Weg über den Marktplatz waren dem Fritz unzählige Erwachsene verkommen, die sich Plaketten mit Hitlerkopf und dem Schriftzug: „Ein Volk, ein Reich, ein Führer" an Brust und Busen montiert hatten. Alle gingen sehr aufrecht. Gegen drei Uhr propellerte eine Flugzeugstaffel über die Stadt. Aus den Maschinen schneiten kübelweise Flugblätter mit letzten Wahlappellen an die Bevölkerung. Aber um diese Nachmittagszeit hatte Tübingen ohnehin schon zum größten Teil seine Wahl getroffen.

Also was denn da los sei, wollte Tortenholer Fritz beim Auspacken der süßen Stückle wissen. „Heut wählet se da Hitler", sagte der Vater, und rührte so heftig in der Tasse, daß der Zichorienkaffee aufs weiße Tischtuch mit den blauen Blumen spritzte und häßliche braune Flecken hinterließ.

„Nächst' Johr hemmer Krieg, ihr werdet's sehe", prophezeite der Christian in seiner guten Stube mit dem nußbraunen Bücherschrank, hinter dessen zwei Glastüren auch ein Bildband verwahrt war mit dem Titel „15 eiserne Schritte", und der von der russischen Revolution handelte. Fritz hatte der Bilder wegen schon oft in dem hellgrauen Buch geblättert, in dessen Deckel eine Sichel mit einem Hammer eingestanzt war, und einmal hatte er ein Kriegsschiff daraus abpausen wollen. Vater hatte erklärt, das sei der Panzerkreuzer „Potemkin", aber das Abpausen solle unterbleiben, sonst gehe das Kunstdruckpapier kaputt.

Die Kaffeestunde verlief nicht so heiter wie sonst. Gegen Abend ging Fritz' Vater noch aus dem Haus, einen Schoppen trinken bei Fritz Kempf im „Pflüegle" um die Ecke in der Neustadtgasse. Spät kam der Vater nicht heim, aber trotz des Weingenusses auch nicht viel fröhlicher als vorher. Er suchte noch etwas im Radio, konnte aber anscheinend nicht das Richtige finden, denn er schimpfte laut auf den schwarzen Kasten.

17

PISTOLENKNALL BEIM DEUTSCHEN GRUß

I n der Schule war es anfangs ganz passabel. Es wurde noch gnädig mit den Bürschle umgegangen. Die Prügelstrafe, die Finger anschwellen ließ wie Saitenwürste und den Hintern brennen ließ wie Feuer, sollte erst noch kommen und einem das junge Leben verleiden. Ein denkwürdiger Tag war der, an dem die mittlerweile arg zerkratzte Schiefertafel im Ranzen bleiben konnte und abgelöst wurde vom Schreibheft mit weiträumigen Linien für Groß- und Kleinbuchstaben. Nach langem Üben mit dem Milchgriffel durfte man nun mit einer Tintenfeder schreiben. Das war ein saugutes Gefühl. So langsam wurde man wer. Der Hausmeister hatte vorher die gläsernen Fäßle in den Pulten mit hellblauer Tinte aus einem viereckigen Zweiliterkolben gefüllt. Schreibfeder und farbiger oder gar edel marmorierter Federhalter waren samt Heft bei Georg Flautz in der Langen Gasse neben dem „Gutenberg" gekauft worden.

Der Buchbindermeister, der nebenher mit Papier- und Schreibwaren handelte, war ein kleines Männle mit dünner Brille. Er kam stets vor sich hin bruddelnd hinter seiner Stockpresse in der Werkstatt hervor in den Laden und schmiß die verlangten Utensilien unwirsch auf den Tisch, als ob ihm das Verkaufen lästig sei. Die Schüler sahen den „Flautze", wie er heimlich genannt wurde, nie lachen, er verzog kaum einmal das Gesicht. Aber er führte alles, was man für die Schule brauchte – sogar Knallerbsen.

Manche der angehenden Kalligraphen hatten falsche Federn mitgebracht, nämlich Spitzfedern, wie sie schon die Generation des Großvaters benützt und gewiß nicht die schlechtesten Buchstaben damit aufs

Papier gekritzelt hatte. Das spitzige Gerät war jetzt verpönt. Pädagogen wollten herausgefunden haben, daß mit dem Gebrauch der Schreibnadel der Verfall der deutschen Schrift eingesetzt habe.

Die gute alte Spitzfeder wurde sogar als Marterinstrument angeklagt, denn sie verlange Druck beim Schreiben und zwinge deswegen zu gebeugter Haltung, was wiederum zu Kurzsichtigkeit und Rückgratverkrümmung führe. Nur wer eine moderne Cito-Kugelfeder im Halter stecken hatte, war richtig ausgestattet für den erwünschten Schnurzug der akkuraten Sütterlin-Schrift. Das nun obligatorische Sütterlin-Alphabet bekam man immerhin in zwei Varianten beigebracht: erst in deutsch, später noch in lateinisch. Auch beim Schreiben mit der angeblich „gesünderen" Cito-Feder machten die Tintenfäßler der Uhlandschule ein krummes Kreuz.

Herr Müller spielte manchmal auf seiner Geige: „Vöglein im hohen Baum, klein ist's, man sieht es kaum", oder „Auf du junger Wandersmann". Der Geigenbogen stand ihm besser als der Tatzenstecken, den er hin und wieder vorzeigte, wenn der Lärmpegel in den Klasse stieg, aber ausgeholt und zugeschlagen hat er mit dem Meerrohr nie.

Die Begrüßungsformel zum täglichen Schulbeginn, die man immer leiernd in die Länge gezogen hatte wie Hosengummi, hieß plötzlich nicht mehr wie seit hundert Jahren „Guten Morgen, Herr Lehrer!" Von einem Tag auf den andern änderte sich der morgendliche Sprechchor. „Heil Hitler!" tönte es jetzt dreisilbig mit deutschem Gruß, wozu die rechten Arme ziellos in die Höhe fuhren. Ein Linkshänder hatte es schwer. Oft hob er beide Arme, um nichts falsch zu machen, aber vielleicht spielte er auch nur ein bißchen Kasperlestheater. Einmal sorgte der Peter, Sproß einer ehrbaren Kaufmannsfamilie in der Wilhelm-Murr-Straße, für die Sensation des Schuljahres. Die Klasse war beim Hereinkommen des Lehrers gerade aus den Bänken getreten und setzte zum üblichen „Heil" an, als das „Hitler" plötzlich in einem Granatenschlag unterging. Der Peter hatte, während er den rechten Arm hochschraubte, einen Schuß aus einer Propferpistole abgefeuert, daß fast die Tintenfäßle unter den Klappdeckeln platzten. Wie eine zweite Explosion folgte das schreiende Gelächter der Klasse. Der „Attentäter" wurde zu schwerer Strafarbeit mit Nachsitzen verurteilt, die Waffe vom Lehrer konfisziert und im Pult eingeschlossen. Anderntags kaufte der Revolverheld beim Dauth ein neues Pistöle, dazu eine grüne Schachtel mit Munition. Im Klassenzimmer hat er aber nicht mehr geschossen.

Mit der Zeit sang das Vöglein im hohen Baum nicht mehr. Das Schulleben wurde härter. Die Klassenlehrer wechselten. Da kam das vollbusige Fräulein Weinland, die spitze Bleistifte wie Speere vom Katheder gegen Schwätzer schleuderte, der strenge Herr Hirt, der mit seinem schweren Schlüsselbund nach Köpfen warf, der eiserne Herr Günther, der Geschichte mit dem ausgefransten Meerrohr lehrte, der erbarmungslose Repetent Fries, der im Religionsunterricht Nichtaufpasser an den Ohren hochzog und ihnen den kleinen Finger in die Handfläche drückte, bis sie jammerwürdig stöhnten und die Engel im Himmel singen hörten.

Am Ende jeden Schuljahres gab es nicht nur Noten, im Zeugnisheft stand jedesmal auch eine „allgemeine Beurteilung des körperlichen, charakterlichen und geistigen Strebens". In Fritzens grünem Büchle hieß das dann so: „Bei zierlichem Körperbau beweglich und zäh, fleißig, aber nicht immer aufmerksam, gute Auffassung, geistig sehr rege." Trotz der amtlich attestierten geistigen Regsamkeit bewegte sich der zierlich-zähe Schüler Fritz im Rechnen und in Geschichte in der unteren Hälfte der Notenskala, glich diesen Mangel aber im Singen und Aufsatzschreiben wieder aus. Der Erziehungsberechtigte zu Hause meinte zwar auch: „Em Rechne köt's besser sei", aber er wurde wegen der Zeugnisse nie laut, und schon gar nicht griff er zu einem harten Gegenstand.

18

DIE BANANEN HINGEN HOCH

Je mehr die Schule zum Schraubstock wurde, der einen die Hälfte des Tages und länger festhielt, desto stärker wurde der Drang nach ungebundenem Leben. Fritz dachte an ein Lied seines Vaters: „Freiheit, die ich meine, die mein Herz erfüllt", ohne recht zu wissen, was mit Freiheit gemeint war, aber er legte Freiheit gefühlsmäßig als das Gegenteil von Schule aus. Was interessierte einen schon groß, wieviel 863 geteilt durch 14 oder was Satzgegenstand und Satzaussage war, wo draußen hinter jedem Busch das Abenteuer lockte. Nichts sehnte man mehr herbei als die Stunden, da man Bub sein konnte ohne die nackte Angst vor dem Kopfrechnen schon morgens um sieben.

Nur gut, daß der unbewußte Verdrängungsmechanismus funktionierte wie ein frisch geöltes Fahrrad. Reibungslos bewegte man sich zwischen Wirklichkeit und Phantasie. Fritz gründete eine Indianerbande, die gleich mit drei Gruppen operierte. Fritz selber bildete eine, sein Namensvetter aus der gleichen Gasse die zweite, der „Munde" aus der Grabenstraße die dritte. Es war ein kleiner, namenloser, aber zu allem entschlossener Stamm. Wenn sich seine Taten erst einmal herumsprachen, würde er schon noch Zulauf bekommen und wachsen. Aber man würde nicht jeden aufnehmen.

Fritz trug braune Leggins mit roten Fransen, geschneidert von der Mutter aus einem Rupfensack. Die Hose biß fürchterlich an den Beinen, aber was machte das einem Indianer schon aus. Ein Indianer fühlte keinen Schmerz. Den prächtigen Kopfschmuck mit über die Schultern hängenden Federn hatte der Stammesgründer einem Schulkameraden abgefuggert, gleicherweise den aus dickem Sperrholz ausgesägten Tomahawk. Der Bogen aus Haselnuß war Eigenbau, ebenso das Pfeilsortiment aus Schilfrohr vom Ammertal. Damit die Geschosse schneller wurden und auch pfeilgerade flogen, waren sie mit Köpfen aus Holunderhülsen bestückt. Später kam man drauf, daß die Pfeile mit Draht und Nägeln an der Spitze noch rasanter schwirrten. Fritz war ein stolzer Krieger, der seine Mitstreiter in der hohen Kunst des Anschleichens unterwies und ihnen die Indianerprüfung abnahm. Über die Ammer hopsen, ohne darin zu landen, gehörte auch dazu.

Die Jagdgründe lagen nahe, fast vor der Haustüre, und sie waren die besten, die man sich denken konnte. Dort fand man Urwald und Prärie, Wasser, Seen und Hügel, alles auf einmal und beisammen. Dort wuchsen sogar Palmen mit Bananen. Gesehen hatte sie noch keiner, aber jeder wußte davon. Es war der Botanische Garten, die lockende exotische Insel, die sich vom Ammerbrückle beim Beck Gehr übers Museum bis hinaus zur Neuen Aula erstreckte. Der alte verwilderte Teil im Zwickel von Graben- und Rümelinstraße, ehemals ein Friedhof, war wie geschaffen für indianische Streifzüge. Es gab einen geheimen Einstieg von der Ammerseite her. Waren die Halbwilden übers brusthohe gußeiserne Grabenstraßengeländer zum Bachbett hinabgestiegen, trennte nur noch eine griffige Mauer mit Efeu und wilden Reben vom Indianerparadies. Moderiges Halbdunkel unter lianenbehangenen Eichen und Koniferen hüllte die lautlosen Jäger vom Stamm der Namenlosen ein. Immer tief am Boden schlichen sich die Altstadt-Rothäute durch Farn und Veilchen, scheuchten goldgrüne Rosenkäfer und eidechsenköpfige Blindschleichen auf.

Ihr Ziel war das große Treibhaus, das wie ein gläserner Tempel erhöht hinter Seerosenteichen stand. Durch die Scheiben schimmerte magisch der Dschungel. Einmal dort Bananen erbeuten, das wäre der Indianer höchstes Erdenglück gewesen! Im Schutz der endlosen Mauer aus dicken Thuja-Hecken entlang der ruhigen Rümelinstraße konnte sich der Trupp unbemerkt bis auf die Höhe des Palmenhauses vorarbeiten, aber zwischen Dickicht und Bananenland floß in ihrem Betoncanyon die Ammer, die nur über ein gut einsehbares Brückle zu überwinden war. Dann machte sich noch freies Gelände breit, auf dem auch der be-

ste Indianer nicht einen Grashalm
zur Deckung fand.

Einmal schaffte die mutige Horde
den gefährlichen letzten Sprung zum
Bananentempel und wollte gerade
durch eine verbotene Seitentüre ins
Heiligtum eindringen, als dämonen-
gleich ein Wärter mit geschulterter
Hacke erschien. Den roten Brüdern
gefror das Blut. Sie wurden augen-
blicks zu Bleichgesichtern. Staub
wirbelte von den Kieswegen auf, als
sie mit wehenden Federn und Panik
im Leib westwärts galoppierten wie
wilde Präriepferde, dem rettenden
Durchschlupf an der Grabenstraße
zu. Die Streifer verzichteten diesmal

Straßenszene aus der Unterstadt.

auf das übliche Ritual mit den „Judenstricken". Sonst hatten sie vor dem
Heimweg noch ein paar Hölzchen von den wilden Reben an der Mauer
geschnitten und auf der Ammerböschung geraucht. Wenn man dauernd
kräftig zog, glimmten die Stengel wie Zigaretten, der Rauch brannte auf
der Zunge wie Cayennepfeffer, roch aber indianisch. Spätestens beim
dritten „Judenstrick" wurde einem schlecht.

Bald nach dem mißglückten Überfall aufs Palmenhaus ging der India-
nerclub mangels Interesse ein. Bei einem Sonntagsspaziergang mit den
Eltern und Geschwistern in den Botanischen Garten gelangte der Fritz
als friedlicher Zivilist in bürgerlichen kurzen Hosen ohne Fransen auf
legalem Pfad doch noch ins Palmenhaus und sah die Bananen. Sie waren hutzelig und hingen hoch. Es hätte eines Lassos bedurft zum Her-
unterholen. „Gucket amol, do wachset richtige Banane", machte die
Mutter aufmerksam. Als früherer Held auf dem Kriegspfad verzog Fritz
keine Miene und schwieg wie ein toter Häuptling.

Der Botanische Garten war beliebtes Sonntagsziel. Im Frühjahr duftete es dort süß wie aus Kautts Parfümladen in der Neckargasse. Das kam von der kreuzblütigen weißen Gänsekresse, in deren Beet ein Emailtäfelchen steckte mit der lateinischen Aufschrift „Arabis“. Das Pflücken war natürlich verboten. Aber die tausend Gänseblümchen im Grünland waren nicht sicher vor den Kinderhänden. Die Jung-Botaniker rupften puppige Sträußchen für die Mutter, die das winzige Gebinde daheim in einem Schnapsgläsle aufs Stubenbüfett stellte. Manchmal hagelten die Gänseblümchen aus dem Väsle, weil die Stiele viel zu kurz waren.

Blühten im Botanischen die Magnolien, wurden Fritz und seine zwei kleinen Geschwister vom Vater unter den Tulpen des Zierbaums postiert und mit der Agfa-Box im Format 6 x 9 fürs Album fotografiert. Die Kamera-Kiste mit einer Blende für Sonne und einer für trübes Wetter hatte im Fotohaus Schnell am Holzmarkt ganze vier Reichsmark gekostet – bei einer Werbeaktion. Wer vier Markstücke vorlegen konnte, deren Prägebuchstaben aneinandergereiht den Namen AGFA ergaben, wurde Besitzer einer robusten Rollfilmbox, die messerscharfe Bilder lieferte. Das stabile Blechgehäuse konnte auch von einem Heuwagen fallen, ohne Schaden zu nehmen.

Zuweilen machte die Familie vom Botanischen noch einen Schlenker um die Neue Aula mit den sprudelnden Kugelbrunnen im Hinterhof und den zwei theatralisch gegeneinanderspringenden Bronzejünglingen, die außer Grünspan nichts auf den klassischen Leibern trugen. Fritzens Brüder lachten beim Anblick der lebensgroßen Musensöhne jedesmal wie im Kasperlestheater, weil sie feststellten, daß die nackigen Kerle „rostige Schnäpperle“ hätten.

Wenn es draußen nicht gerade Katzen hagelte, ging es sonntags immer fort. Der Bubenmagen war zum Laufen ausreichend gefüllt mit dem obligatorischen Sonntagsmenü: „Supp’, Salat ond Soß“. Zumindest für die halbe Speisefolge war der Vater zuständig. Er macht den Braten, und der gelang ihm stets, schließlich kannte der Milchmann manches Geheimnis aus der gelobten Gasthausküche von Kurt Haug zur „Neckarmüllerei“, die er täglich mit Butter, Milch und Sahne versorgte. War der Vater in Sonntagslaune, ließ er den Fritz zum Versuchen mit einem

Stück Brot in der leise vor sich hin köchelnden dunkelbraunen Soße tunken, auf der kleine Goldaugen schwammen.

Noch den Bratenduft im Haar, stieg man von den Niederungen der Unterstadt über die Wielandhöhe beim Stuttgardia-Haus oder über die Himmelsleiter in der Brunnenstraße auf den Österberg. Um zehn Pfennig konnte man den backsteinernen Kaiser-Wilhelm-Turm besteigen. Vom Umgang zwischen den vier Balkönchen unterm spitzen Helm mit seinen glasierten Ziegeln sah man die ganze Welt, in der man lebte, und noch ein bißchen darüberhinaus. Fritz zog aus seiner Hosentasche ein Taschentuch, vier Schnüre und einen Kieselstein, band die Seilchen an den vier Zipfeln des Sacktuchs und an der Beschwerung fest, und fertig war der schönste Fallschirm. Das einfache Fluggerät von des Kaisers Turm schweben zu lassen, war ein billiges Sonntagsvergnügen, aber buchstäblich einmalig, denn jeder neue Start hätte ja wieder Eintritt auf den Turm gekostet.

Ein andermal führte der Sonntagsweg über den Neckar durch die Kastanienallee zum Tierpark an der Bahnhofstraße. Zu beiden Seiten eines kiesigen Wegs lagen Freigehege, gemauerte Käfige und große Volieren. Das Tierparadies hinterm Anlagensee war bescheiden, die Menagerie zählte nicht sonderlich viele Köpfe und Schwänze. Man kannte alle Insassen des Zoos persönlich: die stinkenden Dachse und faulen Waschbären, die traurigen Fischreiher und hüpfeligen Goldfasanen, die wuseligen Eichhörnchen und verschlafenen Eulen mitsamt den arroganten Pfauen, die sich nur selten herabließen, ein Rad zu schlagen.

Auf dem Heimweg durch die Allee kam man am Eiswägele von Rosina Gallus vorbei, unter Altstädlern „Mehl-Res" genannt. Sie stellte ihr Gefrorenes nach original italienischen Rezepten her.

„Babbe, krieg i a Eis?"

Hartnäckiges Betteln hatte vielleicht den Erfolg, daß Vater den Geldbeutel zog und fünf Pfennig für ein eisbestrichenes Wäffele springen ließ.

„Bloß so a klei's?"

Wie gerne hätte sich die Schleckergosch aus den süßen Kesseln mit den Silberhüten eine große Tüte füllen lassen.

„Wenn dir dees ett langt, brauchst gar kois!"

83

19

DIE JUNGFRAU FIEL VOM STENGEL

Mindestens einmal im Jahr wurden am Rand der Allee aufregendere Sensationen als der Tierpark geboten. Dann nämlich, wenn auf dem Postplatz die Fahrgeschäfte aufzogen. Die weitläufige grüne Senke hinter der Hauptpost, eingefaßt von Bahnhofstraße und Kastanienallee, die zwischen Nähmaschinen-Trautwein und Werkzeug-Stammler gegenüber dem „Ochsen" in die Karlstraße mündete, war traditioneller Rummel- und Zirkusplatz. In der großen Mulde mit grasigen Böschungen drehten sich vor dichter Kastanienkulisse wunderbare Vergnügungsmaschinen, Kettenflieger, Springpferde- und Schwanenkarussells. Zum größten Ringelspiel mit mächtigen Schwänen, die eine halbe Schulklasse faßten, gehörte auch die größte Konzertorgel des Platzes. Sie war ein eindrucksvolles Kunstwerk mit dem Volumen einer mittleren Kirchenorgel, ein vollchromatisches Instrument aus der Werkstatt der berühmten Waldkircher Dynastie Adolf Ruth. Aus den Pfeifen tönte mit Trompetenbässen die Ouvertüre aus „Dichter und Bauer", wie Mutter wußte. Die Orgel ließ aber auch das Lohengrin-Vorspiel hören, passend zu den hölzernen Karussell-Schwänen. Vor der Prunkfassade der Musikmaschine mit ihren Barocksäulen und üppigen Malereien begleitete ein mechanischer Kapellmeister auf der Trommel, und eine nicht ganz jugendfrei dekolletierte hölzerne Dame mit Fischleib schlug im Gegentakt den Triangel. „Willst Karussell fahre, oder lieber a Magebrot?", fragte der Vater, worauf sich der Fritz aus Angst vor dem Fliegen für ein Magenbrot entschied.
In der Schaubude war nicht die berühmte Dame ohne Unterleib, aber eine schwebende Jungfrau zu sehen. Bevor sie der Schwerkraft trotzte,

84

wurde sie von Magier Zembinelli laut Ankündigung in kataleptische Starre versetzt. Der Mann im schwarzen Satinmantel fixierte mit stählernem Blick die Pupillen der Jungfrau, die alsbald steif wurde wie ein Brett. Nun legte der Hypnotiseur die Erstarrte auf drei Stecken, zog langsam zwei unter dem schon etwas molligen Astralleib weg, bis die Dame im Pailletten-Trikot nur noch unterm Kopf eine Stütze hatte und tatsächlich vom Hals an abwärts waagrecht frei in der Luft schwebte. Beifall kam auf, der aber im gleichen Augenblick in einem Aufschrei endete. Fritz mußte miterleben, wie das Medium plötzlich vom Stengel fiel und dumpf auf die Bretter krachte, die wohl nicht die Welt bedeuteten.

„Geld zurück!" schrie ein Zuschauer, aber die Illusionisten gingen mit einem Trommelwirbel souverän zur nächsten Nummer über. Die bestritt nocheinmal der Magier, diesesmal als Dolch- und Degenschlucker und als Fakir, der sich mit großen Sicherheitsnadeln Gewichtsteine an den Bauch heftete. Schließlich trat noch der „Elektro-Mensch" aus Chikago auf, der Glühbirnen mit der bloßen Hand zum Leuchten brachte. Als der Fritz das später zu Hause mit einer Birne aus der fünfarmigen Wohnzimmerlampe nachmachen wollte, blieb der Glühfaden im Glaskolben trotz Aufbietung aller magischen Kräfte kalt wie ein Eiszapfen.

Neben der Schaubude der gefallenen Jungfrau war das Panorama aufgebaut, aus dessen Wände Bullaugen leuchteten wie bei einem Ozeandampfer. Ein Blick durch die Linsen war ein erregender Blick in die Welt. Das Auge bekam plastische Darstellungen von historischen Katastrophen, Bilder von unerreichbar fernen Ländern und leichtgeschürzt posierenden Salondamen geboten. Der Guckkasten vermittelte die Illusion, mitten in den Szenen zu stehen. Beim Untergang der „Titanic" oder der Tigerjagd in Bengalen beschlug das Bullauge vom schneller werdenden Atem.

Eine teuflische Erfindung, die drahtige Nerven und eine gute Kuttel verlangte, war die Hexenschaukel. Man nahm zunächst einmal ganz gemütlich Platz in einem Bau mit realistisch gemaltem Firmament auf

Wänden und Plafond. Kaum saß man, begann der wacklige Untergrund zu gautschen, erst leicht, dann immer schneller, bis das Publikum das Gefühl hatte, in einer großen Gondel durchs All zu fliegen, vorbei an tanzenden Sternen und feuerspeienden Planeten. Gekreische füllte den friedlichen Weltraum. Man krallte sich an den Sitzen fest. Der Magen drohte brustwärts zu steigen. Im Kopf drehten sich viele Rädchen. Es war eine Erlösung, als die diabolische Schaukel endlich anhielt.

„Du bisch jo ganz bloich", stellte der Vater beim Anblick seines Sprößlings fest. Zu spät erklärte er dem knieweichen Weltraumfahrer, wie die Hexenmaschine funktionierte. Daß alles nur eine Täuschung sei. Daß nämlich die Schaukel mit den Sitzen nur ganz leicht bewegte werde, was sich dann drehe, sei die Kulisse mit den Sternen. Der Fritz begriff das nicht so recht, hatte genug von der Himmelfahrt und bat als Entschädigung noch um eine Tüte irdisches Magenbrot.

Hausfrauenschwatz in der Ammergasse.

War der Zirkus auf den Postplatz gekommen, angelte man wieder einmal heimlich mit dem kleinen Küchenmesser das nötige Kleingeld aus der Sparbüchse, murmelte etwas von „Rechnen lernen mit dem Mäx" und fußelte zur Kindervorstellung in die Kastanienallee. Dort traf man todsicher noch andere Sparschweinknacker. Einmal durfte der Fritz mit dem Vater in die Abendvorstellung des Zirkus Busch. Im Finale mit allen Artisten stürzte unter farbigen Scheinwerferstrahlen ein Wasserfall von der Orchesterempore in die abgedichtete Manege. Elefanten machten Männchen neben dem mit künstlichen Palmen und Felsen dekorierten Entree, über dem Wasser schaukelte ein himmlisch schönes Mädchen als Paradiesvogel auf dem Trapez, Seehunde setzten sich auf die Manegenmauer und sprangen auf Kommando in den See, ein Elefant schubste mit dem Rüssel einen Clown hinterher, die Artisten winkten mit bunten Tüchern, der Wasserfall rauschte, und die Zirkuskapelle schmetterte den Schlußmarsch dazu. Nichts auf der Welt konnte schöner sein. Ob man nach der Schule vielleicht Clown oder Artist beim Zirkus statt Maler beim Gräter oder Schmied beim Böbel werden sollte? Immerhin beherrschte man ja schon den Todessprung durch zwei Autoreifen!

Alltagszirkus

as Wort „Zirkus" war fester Bestandteil des allgemeinen Sprachschatzes der Unterstadt. „Do macht mr koin lange Zirkus, der kriegt an Schmalzwickel an Hals ond Essigwickel om d'Wade", ordnete der Raupendoktor Schwägerle an, wenn das Namensvetterle mit glasigen Augen fiebrig im Bett lag.

„Dieser Weiberzirkus, dieser elende", bruddelte der Vater, wenn er am Monatsende die Aufschreibbüchlein der Milchkundinnen abrechnen mußte.

„Jeden Tag der gleiche Zirkus", schimpfte der Fritz morgens unleidig über die Schule.

„Auf, allez hopp!", trieb der Arbeiter Paul K. aus der Langen Gasse seine Kinder an, wenn sie mit dem Leiterwägele Kohlen holen sollten beim Bantleon am Güterbahnhof.

„Der Affezirkus hört aber glei uff!", schrie die Nachbarin Karoline, wenn die Jugend auf Schachteln trommelte und übermütige Negertänze unter ihrer Kemenate aufführte.

„Dees wurd wieder an Zirkus na'gee mit deam", befürchtete die Emma in der „Muckebeiz" genannten Wirtschaft von Pius Entreß in der unteren Langgaß, wenn ihr Wilhelm das fünfte Viertele bestellte, die siebte Brezel anbrach und „Früh wenn's die Hähne krähn" zu singen anfing.

„Mach koin lange Zirkus", wurde die Mutter deutlich, wenn der Fritz maulte, weil er in irgendeinem Laden etwas einkaufen sollte und nicht wollte.

Die Einkauferei war eine leidige Sache und ging nie ohne Gemaule ab. „Oh, scho' wieder!", begehrte man auf, aber es half nichts. Das Einkaufsgeld, zur Sicherheit in einem Fetzen Zeitungspapier eingewickelt, wurde einem in die Hand gedrückt, und damit basta! Einmal setzte sich der Laufbub zum Metzger Wetzel in der Froschgasse in Trab, um mit der Milchkanne für 30 Pfennig Wurstbrühe zu holen, ein andermal wurde er wegen Hosengummi zu Emil Schick auf den Marktplatz geschickt. Beim „Zückerles-Schott" in der Langen Gasse mußte der Bote die grüne Flasche mit Doppelessig nachfüllen lassen, Kandiszucker und Suppenwürfel waren auch gleich mitzubringen. Im halbdunklen Laden mit seinen hundert Schublädchen roch es gut nach Mehl und Bärendreck, nach Zimt und Schmierseife. Kaufmann Karl Schott, ein liebenswürdiges Männle mit schwachem Augenlicht, angetan mit einem tabakfarbenen Arbeitsmantel, verkaufte auch Pfeifen und Zigarren.

Mit der Zeit kannte der Fritz den Klang aller Ladenschellen zwischen Ammerbrücke und Faulem Eck. Das Salz ließ er sich bei Fräulein Waiblinger in der Schmiedtorstraße, den Traubenzucker im Reformhaus von Gertrud Huber in der Grabenstraße, die Mottenkugeln beim Bögle und Reif in der Belthlestraße, die Haferflocken beim „Käs-Haugele" in der Kornhausstraße einpacken. Die Zichorie holte er bei Anton Eizenberger, genannt „Eize-Done" oder „Anton Aufrecht", in der Kirchgasse, die Sultaninen bei Albert Neu in der Münzgasse, den Salat bei „dr Bruggere" in der Langen Gasse, das Mehl beim Schweickhardt in der Neuen Straße, die jetzt Wilhelm-Murr-Straße hieß nach dem Gauleiter, zu der aber kein alter Tübinger so sagte.

Weil Mutter häufig auf ihrer „Singer" Hosen und Kittel nähte, mußte Fritz des öfteren zu Kaufmann Kayser an der Krummen Brücke. Er führte Kurz- und Wollwaren, Näh- und Schneiderartikel. Das „Ottole" Kayser war ein korrekter Bediener, höflich und zuvorkommend, doch leider mit einem kleinen Sprachfehler behaftet. Er stieß mit der Zunge an. Für Kinder war das unterhaltsam. Der Kurzwarenhändler hatte auch ein gutsortiertes Lager an Büstenhaltern. Einmal brachte eine Kundin so ein fleischfarbenes Brustgeschirr zurück mit der Bemerkung, es sei ihr zu klein. Worauf der Herr Kayser verwundert über den Ladentisch lispelte: „I hab gar net gwußt, daß sie so eine große Büste habet."

21

Und sonntags Himbeersprudel

 ritz kannte auch die Ausflugswirtschaften rund um die Stadt wie die eigene Wohnstube. Den tierreichen Schwärzlocher Hof von Gotthold Reichert unterm Spitzberg; die einsame Rosenau nahe des eisernen Steinenberger Aussichtsturms, den zu besteigen schwindlig machte, obwohl er nur drei Etagen in die Höhe reichte; die abgeschiedene Waldhausener Wirtschaft von Eugen Link hinterm Exerzierplatz der Soldaten; die kleine „Sonne" von Wilhelm Reutter in Bebenhausen. Zuweilen war es ein halber Verein, der an blauen Sonntagen aus der Altstadt hinauszog zu den Einkehrstationen. Alte Freunde des Vaters mit ihren Familien bildeten die Wandergruppe. Die Kinder in ihren Matrosenanzügen, Tirolerkittele und Leinenkleidchen liefen vorneweg wie junge Hunde. Die Männer trugen keine Wanderblusen und weißen Schillerkragen mehr wie auf den Fotos in Vaters Album. Sie sprachen manchmal von Alb-Touren mit den Naturfreunden und Waldfesten im Elysium mit dem Gesangverein Frohsinn. Unterwegs schnitt der Vater dem Fritz einen Haselnußstecken zum Stocken und Mauslochstupfen. Am Ziel unter Bäumen oder zwischen getäferten Wänden, in denen der Stumpenrauch von Generationen nistete, bestellten die Väter und Mütter Ochsenmaulsalat und Preßkopf mit Senf, dazu ein Flaschenbier oder ein Schorle. Die Kinder bekamen Zitronensprudel und Honigbrot. Auf den Porzellanverschlüssen der Bierflaschen steckten zehnpfenniggroße Gummis, die gut waren für manchen Trick. Man quetschte die roten Ringe zusammen, schob einen Rand durch das Loch, setzte das Gummi auf den Tisch, und nach einer Weile, wenn das eine Ende von selbst aus dem Loch schlüpfte, hüpfte das Ding wie ein Frosch. Währenddessen sangen die Eingekehrten mehrstimmig „Durchs Wiesetal gang i jetz na" oder „Es steht ein Soldat am Wolgastrand". In den Nächten nach den Familienmärschen schlief das Fritzle wie ein Bär und träumte von den Engeln aus dem Wolgalied.

Am liebsten ging der Fritz mit in die „Marquardtei" in der Herrenberger Straße. Links neben dem hochgewölbten Eingang zum Lokal führte eine bis ins Trottoir reichende Steintreppe in die Gartenwirtschaft mit haushohen rot- und weißblühenden Kastanienbäumen. Unter ihren mächtigen Kronen war es im Sommer kühl und dämmerig wie im Wald. In der „Marquardtei" bei Eugenie Lenz gab es zuckersüßen roten Sprudel, der nach Himbeer schmeckte. Es war ein seligmachendes Wässerle, das die Wirtin da servierte, zu der man „Tante Eugene" und „du" sagen durfte. Sie kannte alle Kinder aus der Altstadt mit Namen.

Der Bier- und Sprudelgarten lag mauergestützt meterhoch über der Straße. Dahinter, am Hang zum Geigerle, wuchsen schwarze Tannen um ein altes düsteres Brauereigebäude, in dessen Kupferkesseln längst kein Sud mehr brodelte. Das Bier kam jetzt aus Stuttgart. Übern Zaun zur Seite der Gartenwirtschaft konnte man hinunterschauen auf das Glasdach der Autoreparatur von Hans Stehle. Wenn ein Wind durch die Kastanien fuhr, regnete es Blüten auf die spiegelnden Oberlichtscheiben.

An einem Sonntag nachmittag tat sich nach Brezeln und Himbeerwasser eine Horde Kinder zum Spielen zusammen. Nicht daß sie besonders arg umgetrieben hätten. Ein bißchen Fangerles spielten sie halt zwischen den weißen Blechtischen im feinen Kies. Dem Reinhold kam plötzlich das Klettern in den Sinn. Er stieg auf den Seitenzaun über der Reparatur, bekam das Übergewicht und stürzte so schnell ab, daß kein Kinderarm mehr helfend nach ihm greifen konnte. Das Dach fing den Buben nicht auf. Es gab nach. Der Spielkamerad fiel durch das Glas und schlug mit den Scherben auf den harten Werkstattboden auf.

Die Kinder starrten gelähmt in das gezackte Loch, unter dem der Verunglückte lag und sich nicht mehr regte. Schreiend liefen sie zu den Eltern: „Der Reinhold, der Reinhold!", und zeigten voll Angst und

Schrecken zum Zaun. Alles sprang vor Entsetzen auf, als gewahr wurde, was passiert war. Ein paar Männer bargen den Buben. Auf seinem blauen Sonntagsanzügle klebten rote Kastanienblüten. Fritz sah, wie der Reinhold aus Ohren und Nase blutete. Er ist nicht mehr aufgewacht. Er war der einzige Sohn seiner Eltern, die Berta und Reinhold hießen. Tante „Eugene" hielt eine Serviette vor ihr Gesicht. Man ist lange nicht mehr in die „Marquardtei" gegangen.

Suchen und nachdenken, das Leben ist kompliziert. Klein-Fritz im Grünen.

„Omsonst ist dr Tod, ond der kostet 's Lebe", sagen die Älteren. Wie das mit dem Tod ist, kann einem niemand erklären.

„Wenn einer halt die Augen zumacht und nimmer schnauft, dann ist er tot."

„Und was ist dann?"

„Dann kommt er vielleicht in den Himmel."

„Ist der über den Wolken?"

„Vielleicht."

„Und guckt zu uns 'runter?"

Auch vielleicht. Immer dieses vielleicht. Die Erwachsenen wissen doch sonst alles. „Wer glaubt wird selig, und wer stirbt wird sterch", wußten sie.

„Und jeder Mensch muß sterben?"

„Ja, jeder."

„Und warum?"

„Weil's der liebe Gott halt so will."

„Wieso ist der lieb, wenn er Kinder sterben läßt?"

Keine Antwort. Das soll einer verstehen.

Wenn einer stirbt, ist er plötzlich nicht mehr da, kann nicht mehr mitspielen. Er ist einfach fort, und man weiß nicht genau, wo er ist. Man kann warten so lange man will, er kommt nicht mehr auf die Gasse. Der Klassenkamerad Willi, ein dunkelhaariger Bub mit blassem Gesicht, der oft still vis-à-vis auf dem Haustürtritt bei seiner Großmutter saß, fehlte auf einmal in der Schule. Er sei krank, vermeldete der Lehrer. Und eines Morgens vor dem Rechnen, mit dem der Unterricht beginnen sollte, teilte er mit, der Willi sei gestorben. Das Rechnen fiel dann aus. Die Klasse schrieb gemeinsam an die Eltern einen Brief. In der Religionsstunde tröstete der Herr Vikar mit der Behauptung, der Willi sei jetzt bei den Engeln im Himmel. Wenn das stimmte, dann war es ja gut. Auf der Gasse wurde erzählt, der Willi habe die schwarzen Blattern gehabt. Was immer das auch war, es klang unheimlich.

22

Gartenlust mit Grammophon

Ganget 'ra vo meiner Wies, oder 's bassiert ebbes!" Es war immer das nämliche. Setzte sich die Familie bei einem sonntägigen Auslauf mal an einem Wiesenrain in die Sonne, tauchte gewiß mit grimmiger Visage ein Gôg auf und schnauzte die Ruhenden in hoher Tonart böse an. „Jetzt han i gnueg vo dene Raupe ihrem G'schroi", verkündete Vater Christian eines Tages entschlossen, und kaufte ein Grundstück im Öhler, ein langes Rechteck von 13 Ar, zerteilt vom schmalen Öhlersträßle, das zwischen Ursrain und Schaftrieb hinauflief zu den Straßburger Äckern, wo das Käsenbachwasser aus dem Boden sprang. Der obere Teil des zum Ursrain hin ansteigenden Gutes war halb Wiese, halb Garten, bestanden mit allem, was ein Paradiesle auf Erden ausmacht. Da wuchsen auf knorrigen Hochstämmen Mostbirnen und Goldparmäner, Fleiner und Brettacher, Zwetschgen und Mirabellen, Quitten und Gaishirtle. Wiesenmargeriten machten große Augen und staunten ins Geäst hinauf.

In guter Nachbarschaft zu den trächtigen Obstbäumen waren Himbeeren und Prestlinge, rote und schwarze Träuble angesiedelt. In den Rabatten längs der Wege blühten Maiglöckchen und gelbe Stern', Pfingstrosen und Vergißmeinnicht, Schwertlilien, Phlox und Rittersporn. Es war alles so prächtig, daß die tränenden Herzen ihren Kummer vergaßen und aufhörten zu weinen. Der andere Teil des Stückles unterhalb der Straße lag in einer tiefen Mulde, begrenzt von der wilden Haselnußklinge des Käsenbachs, der im Laubdämmer mit glimmrigen Steinen, kleinen Wasserfällen und Sandbänken die Miniatur eines Goldsucherflusses bildete. Der Tobel lockte auf- und abwärts zu Erkundungszügen, bis undurchdringlicher Dschungel den Abenteuerpfad versperrte. Warum der Käsenbach wohl Käsenbach hieß, wo sein helles Wasser überhaupt nicht nach Käse schmeckte?

Das untere Feld, schattig und feucht, war schwer zu kultivieren. Fettes Unkraut wucherte dort so schnell, als sei es extra mit Gülle gedüngt worden. Stachelbeeren und Tomaten, Rettiche und Bohnen gediehen wunderbarerweise trotzdem auf dem urigen Grund. Irgendwo oberhalb hatte das zerklüftete Bett des Käsenbachs ein Loch, so daß – unter dem Holzboden einer Heuhütte hervor – ein Nebenärmle durch die tiefste Stelle des Grundstücks floß. Dort schwankte der Boden beim Drübergehen, und unter den Stiefeln sumpfte es. Aber das fremdgehende Wässerle kam gerade recht. Es wurde in einen Gumpen geleitet, in dem man die Gießkannen füllen konnte. Zum Most- und Saftverdünnen war das Naß aus dem Gumpen, auf dessen Spiegel krummbeinige Spinnen Schlittschuh liefen, nicht geeignet. Bei Durst rannte man schnell fünfzig Meter wegabwärts, wo aus einem Eisenröhrle in bemooster Nische schuckerlesweise eiskaltes Quellwasser spritzte, das besser schmeckte als warmgewordener Sprudel.

Auf halber Höhe des oberen Gartens stand auf einer Natursteinterrasse ein Häusle mit Veranda, behütet von einem großvateralten Birnbaum. Fritzens Vater hatte das Gartenhaus anstelle einer gebrechlichen Geschirrhütte mit schreinerischem Können hingestellt. Der heimelige Unterschlupf trug ein Ziegeldach, hatte mit breiten Kanthölzern gegliederte Außenwände, war weiß und rot gestrichen, ließ Licht und Luft durch zwei Sprossenfenster mit roten Schlagläden ein. Innen war das Refugium mit rohem Holz getäfert, eine alte Sprungfedercouch stand drin, ein Tisch mit Korbstühlen, und sogar ein glasierter Ofen mit einem silbernen Rohr ins Freie.

Das Öhlerhäusle mit bekiestem Vorplatz war oft sommersonntags nach einer Woche Hammerschlag und Häuserquadern angenehmer Erholungsort für die Familie samt Freunden und Verwandten. Ein Sonntag im Öhler ersetzte eine ganze Sommerfrische. Man saß zusammen am Tisch unterm grünen Sonnenschirm des Birnbaums. Zum Vespern standen schwarze Wurst, Rettichsalat und Schokoladepudding mit

Haut parat. Zum Inventar des Gartenhauses gehörte ein Koffer-Grammophon, das die Kinder bedienen durften. Die dicken Schallplatten trugen grüne und blaue Etiketten, auf denen ein goldfarbener Hund vor einem Schalltrichter saß, darunter stand gedruckt: „Die Stimme seines Herrn."

„Basset uff, daß'r d'Platte ett verkratzet", mahnte der Besitzer, wenn die jungen Musikfreunde darum stritten, wer die Kurbel zum Aufziehen des Uhrwerks bedienen, wer die Schellackscheiben auf den Zapfen deichseln und die Schalldose mit der Nadel auflegen, wer die Bremse lösen durfte, damit die Maschine in Schwung kam. Schließlich tönte es entzückend aus dem schwarzen Apparat: „Wo sind deine Haare, August, August...", „Valencia, meine Augen, deine Augen" und „Wenn am Sonntagabend die Dorfmusik spielt". Man lauschte der „Träumerei" von Schumann, hörte die „Post im Walde" und das Geklapper der Mühle im Schwarzwald, die Comedian Harmonists jubilierten „Veronika, der Lenz ist da" und Josef Schmidt tenorte „Es wird im Leben, dir mehr genommen als gegeben... "
Die Auswahl war nicht groß, aber ein Fest war das Grammophonspielen allemal, besonders dann, wenn sich die Nadel in einer kaputten Rille verfing und der Tangosänger endlos schmachtete: „Wie schön es ist, wenn man eine küßt, wie schön es ist, wenn man eine küßt ..."
Winters wurde der Grammophonapparat mit nach Hause genommen, obwohl man nichts wußte von Lumpen, die in Gartenhäuschen einbrachen.
Der ältere Otto vom Oberstock hat schon lange ein begehrliches Auge auf den Musikkoffer. An einem Regentag macht er so lange am Fritz herum, bis der die Kiste heimlich herträgt.
„Solle mr amol enna neigucke?", fragt der Otto scheinheilig.
„Lieber ett."
„Ha was, komm!"
„Aber nochher wieder zemma-mache."
„Freilich, was denkst denn."
Da hat der Otto, ein erfahrener Märklin-Bauer, schon Schraubenzieher und Flachzange in der Hand und beginnt, das kostbare Gerät zu

knacken. Bald liegen die öligen Eingeweide des Grammophons bei Otto auf dem Küchentisch, und der Monteur wiegt strahlend den Federmotor in der Hand: „Den köt i grad brauche für mein Märklin, zom ebbes a'treibe."

Dem Fritz wird himmelangst angesichts der Einzelteile. „Mach bloß den Apparat wieder ganz!", bittet er den Hausgenossen inständig. Otto sucht die Schrauben und Muttern, Rädchen und Klemmen zusammen und zwirbelt fachmännisch mit dem Werkzeug. Der Kamerad hat schon selber ein Morsegerät und sogar einen Detektorempfänger gebastelt und eine Hochantenne im Winkel gezogen, doch die Kopfhörer sind seinerzeit bis auf ein fernes Kratzen stumm geblieben. Die baute der Otto dann mit Taschenlampenbirnchen zu kleinen Scheinwerfern um. Er ist schon ein begnadeter Fabrizierer, der einmal Funker oder Feinmechaniker werden will. Aber das Grammophon macht ihm Schwierigkeiten. Er bringt den Motor nicht mehr so hin, wie er im Gehäuse gesessen hat.

„Dees mache mr a' andersmol", beschließt der junge Techniker, packt alle Teile in den Koffer und schließt den Deckel.

Das Grammophon ist nie wieder gelaufen.

Es kamen bitterböse Zeiten, in denen man an anderes zu denken hatte, als an ein Grammophon. So kam der Fritz straflos davon.

Der Öhler bescherte nicht nur faule Stunden in der altersschwachen Hängematte zwischen Mirabellen- und Pflaumenbaum. Im frühen Sommer waren Träuble und Stachelbeeren zu zopfeln, im Herbst Äpfel und Birnen aufzulesen. Da gab es kein Pardon. Schließlich konnte man das Fallobst nicht verkommen lassen, wo es immerhin zum Mosten taugte. Die Äpfelklauberei im schon herbstlichen Gras war mühsam. Fritz hätte lieber Äffles gespielt in den verwachsenen Quittenbäumen oder Naturforscherles am Käsenbach. Während er mehr widerwillig als erntefröhlich die herben Birnen und sauren Mostäpfel zusammentrug und die schier unergründlichen Rupfensäcke damit füllte, hörte er vom Feld nebenan, wo sich eine Großmutter namens Kehrer mit ihrem Enkel namens Walter aufhielt, einen sich öfters wiederholenden Dialog:

„Walterle!"

„Joo?"

„Mo bisch?"

„Do!"

„Was duescht?"

„Nix!"

Der Walter hatte es gut. Der Fritz mußte fronen, derweil ringsum Eichelhäher schadenfroh lachten. Endlich, endlich war unter dem Einsatz der ganzen Familie die Wiese abgelesen, waren die Säcke voll und verschnürt, mit einem handbreiten Butzen zum Festhalten. Zum Glück hatte der Vater ein Auto mit Pritsche, so mußte die Ernte nicht auch noch mit dem Leiterwagen heimgekarrt werden, obwohl er den Öhler und Frondsberg-Hohlweg hinab von selber gelaufen wäre.

Daheim wurden die Obstsäcke zunächst in der Garage deponiert. Es dauerte einige Tage, bis man einen Termin in der „Moste" bekam. Der war immer abends. In der tiefen Schmiedtorkelter, auf deren Dach dreizehn Gauben wie Raben hockten, beleuchteten trübe Funzeln die Szenerie. Alles war feucht und pappig. Die klapprigen Maschinen und Gerätschaften zum Mostmachen wirkten im Halbdunkel beinahe bedrohlich. Die prallen Säcke, manche mit Jahreszahl und unentschlüsselbaren Initialen gekennzeichnet, wurden entschnürt, von vier Männerhänden gepackt und mit einem Schwung geleert. Was unter Schweiß auf der Herbstwiese zusammengetragen worden war, plumpste zum Säubern in einen Wassertrog. Eine rasselnde Eimerkette fischte das frischgewaschene Obst aus der Badewanne und kippte es in den Trichter der Mühle, die im Nu Apfelbrei daraus machte. Der Obermostmeister schichtete das Mahlgut in die hydraulische Presse zwischen rostbraune Netze, die den Zuckerduft von Millionen Äpfeln verströmten. Kaum hatte die Presse das Druckwasser bekommen, gurgelte aus dem Saftröhrle das süße Apfelblut, aufgefangen von einem schwarzen Bottich. Mit einem Henkelglas durfte man den frischgepreßten Most probieren. „Kerle trenk, dees butzt dei Kuttel!", forderte der Kelterküfer auf.

Die schwappende Apfelbrühe wurde in Leihfässern auf dem Leiterwagen heimgezogen und mit einem Schlauch direkt von der Straße durchs Kellerloch in die Tiefe geschleust. Die auf Balken sitzenden Eichenfässer waren schon Tage vorher mit vereinten Kräften aus dem Kellerdunkel in die Waschküche hochgeschleppt, mit der Wurzelbürste geputzt und mit Schwefelschnitten aus der Mayerschen Apotheke ausgeräuchert worden. Vom Süßmost behielt die Mutter ein paar Kannen zurück zum Eindünsten im Weck-Kessel. Angebrochen wurde eine Saftflasche nur, wenn ein Kind krank war und heiße Lippen vom Fieber hatte.

Der Saft im Keller hatte um Weihnachten herum „ausgeschafft", nun konnte angestochen und genossen werden. Wie goldener Weißwein rann er aus dem Holzhahnen, der beim Zudrehen knarrte wie eine alte Stiege. Der Fritz konnte den Most nicht riechen und hat auch später keinen Geschmack am Nationalgetränk der Gôgen gefunden. Mit Most war er zu verjagen. Auf die Redensart: „Moinscht magscht Moscht?", konnte er nur „noi!" sagen. Aber wenn der Vater nach einem Vierzehn-Stunden-Tag abends in der Stube vor seinem graublauen Mostkrügle gemütlich die Zeitung las und dabei langsam einnickte, das war ein gutes Bild …

23

DER VERFLUCHTE MAIENTAG

Fritzens Vater fluchte selten, aber wenn, dann richtig und so laut, daß die katholische Mutter schon die Flammen des Fegefeuers um den Sünder lodern sah. Man holt die Heiligen nicht ohne Grund vom Himmel. Diesesmal waren dem Vater weder die zum Spülen aufgetürmten Milchkannen übereinandergehagelt, noch hatte er sich die Finger im widerspenstigen Garagentor eingeklemmt. Sein zornroter Kopf kam von einem Bescheid, wonach er als Milchhändler und Besitzer eines Lieferwagens am „größten Festtag der Nation" teilzunehmen habe. So hieß jetzt der gute alte 1. Mai, den der Jungarbeiter Christian einst mit roter Nelke im Knopfloch und dem Lied „Brüder zur Sonne, zur Freiheit" gefeiert hatte. Nun sollte sein „Opel Blitz" mit einer übergroßen Milchflasche auf der Pritsche und mit Hakenkreuzfahnen an den Seiten in einem Umzug durch die Stadt mitfahren. „Wenn no die ganz Bruet dr Deifel hole dät!", wetterte der Milchmann beim Abladen von Butterschachteln und Flaschenständern, bis die Mutter beschwichtigte: „Sei doch ett so laut, dees hört jo de ganz Gass!"
Die Tübinger machten aus dem zum „Nationalen Feiertag Großdeutschlands" proklamierten 1. Mai einen Operettenzirkus. Schon am hellen Nachmittag des Vortages liefen Winz und Brunz auf den Marktplatz, wo Zimmerleute in Kluft eine bis auf den Wipfel entastete Fichte in ein Loch im Pflaster bugsierten. Ein Bändelkreuz und Symbole des „neuen Reiches" aus Sperrholz hingen an dem kastrierten Gewächs aus dem heimischen Wald. Mit uniformierten Jugendlichen als Eskorte hatten die zünftigen Zimmerer den Stamm nicht einfach so die Hirschgasse oder Neckargasse zum Marktplatz hochgeschleift. Der Maibaum-

trupp war mit dem gefällten Riesen vielmehr im Triumphzug von der Wilhelmstraße aus in einem ausholenden Schlenker durch die Grabenstraße und Kelternstraße, die Belthlestraße und Haaggasse zum Rathaus marschiert und „obe'rei" komme, oder „hente'rom", wie man's betrachtete.

Knapp zwei Stunden nach dem Lebtag mit dem Maibaum gab es schon wieder einen Auflauf auf dem Marktplatz, wo üblicherweise die Marktweiber aus der Unteren Stadt ihre Salathäuptle und gelbe Rüben, ihre Gugommer, Kernenbohnen und Roseköhl feilboten. Aber jetzt verunzierte nicht ein gotziges Salatblättle die Kandeln. Man hätte auf dem Boden vespern können, so sauber war gefegt. Alles wegen eines Standkonzerts des Infanterieregiments 35. Das Musikkorps haute auf die Pauke, daß droben im Café Pfuderer die Kaffeetassen klirrten.

Abends wurde der Marktplatz nocheinmal heimgesucht. Viele Tübinger machten ihr Maul auf – aber nur zum Mailiedersingen. Der Parteigenosse Ziegler spielte den Dirigenten, fuchtelte zum Einsatz, und da jubelte es aus hunderten von Kröpfen voller Kraft und Freude: „Der Mai ist gekommen", obwohl er ja erst am nächsten Tag fällig war.

Am Maimorgen fiel der Fritz vor lauter Schreck fast von der Matratze. Vom Schloß herab schossen sie schon um sechse mit Böllern, daß in der Altstadt drunten sämtliche Köter das Grimmen bekamen und heulten wie die Schloßhunde. Derweil paradierte das unermüdliche Regiment 35 durch die nobleren Straßen, um die Bewohner mit Tschingderassa und viel Bumm zu wecken. Und was die Wehrmacht konnte, das konnte das Stadtreiterkorps allemal. Das Gelärme, das die blauen Mannen vollführten, war auch nicht übel. Da konnte kein Mensch mehr schlafen. Hoch zu Gaul und mit einem tanzenden Roßhaarbusch überm geschnitzten Möckel ritt auch jener junge Gôg einher, den ein anderer einmal mit auserlesenen Schimpfnamen belegt hatte. Worauf sich der Vater des Verunglimpften entrüstete: „Was saisch du, mei Bue sei a Dackel? – mo doch der bei de Stadtreiter isch!"

Die Kugelfuhr dauerte den lieben langen Tag. In der Stadt hörte man keine Vögel mehr. Die mußten schon morgens beim Böllerdonner aus-

Ein 1. Mai zur Nazizeit. Mit viel Brimborium und unter Hakenkreuzfahnen ging's über die Eberhardsbrücke.

gerissen sein ins Elysium, wo Maiglöckchen und Hundsveilchen blühten. Schon wieder war großes Tamtam auf dem Marktplatz, diesmal fürs junge Volk. Auf den Ätherwellen hörte man keine Jazzkapellen, es wurde vielmehr eine Jugendkundgebung aus der Reichshauptstadt Berlin übertragen. Das Viereck hallte wider vom Gerolle des Führers und dem Stakkato des Propagandaministers Joseph Goebbels, der in manchen Häusern in der Altstadt „'s Göbbele" hieß. Das vom Großdeutschen Rundfunk gelieferte und aus Lautsprechern dröhnende Berliner Großgeschrei wurde von den hohen Giebelwänden abgewiesen, brandete sternförmig in die fünf vom Marktplatz weglaufenden Gassen und verebbte zwischen den krummen Häuserzeilen. Die Kurve zur Froschgasse schaffte der Propagandaschall schon nicht mehr. Er verhungerte noch vor der Johanneskirche.

In der Bachgasse drüben war kein Laut vom Marktplatz zu hören. Unberührt jagten ein paar Kinder einer entlaufenen Henne hinterher und rannten am Lazarettgasseneck beinahe die „Nille-Gret" um, die gleichgültig auch am nationalen Feiertag im abgetragenen Werktagshäs mit ihrem ausgeleierten Leiterwägele auszog. Sie sammelte in allen Gassen und Winkeln zusammen, was sie brauchen konnte und fuhr es heim in ihre Erdgeschoßbehausung in der Lazarettgasse. „Nille-Grets" niedere Wohnung hatte drei Fenster zur Gasse hin, die so tief lagen, daß man sich bücken mußte, um hineinzusehen. Einen Radioapparat hatte sie nicht, und der Hitler war ihr so egal wie der Dreck auf der Straße. Die Gretel tat niemand etwas zuleide, und die Unterstädter nahmen sie so wie sie war. Früher sei sie ein bildschönes Mädchen gewesen, aber ein Freund habe sie sitzengelassen und seither sei sie so eigen, erzählten ältere Leute.

„Ja brenget die heut au nohmol ebbes anders als dees Gesockse!", erregte sich der Milchhändler Christian bei der Nudelsuppe, stand vom Tisch auf, drehte den Radioknopf nach links – und damit dem Hitler die Gurgel ab, wie er sagte. Nach der Jugendfeierstunde am Morgen funkten nun alle Mittelwellensender einen Staatsakt aus Berlin in die deutschen Gaue. Auch die Tübinger Volksgenossen waren angehalten worden, der Sendung zu lauschen. „Alle Schaffenden hören den Führer!", war als Tagesparole ausgegeben worden. So hockten beim Gemeinschaftsempfang um Mittag in den Lokalen der Stadt die Belegschaften der Behörden und etlicher Betriebe und Geschäfte vor den Volksempfängern, an denen die Stoffbespannung vibrierte, wenn Adolf Hitlers Stimme ins Rasen kam. Fritz kannte den Mann mit der schwarzen Rotzbremse unterm Zinken und der viel zu großen Dätzkappe auf dem Kopf von Zeitungsbildern, auf denen er ein gefrorenes Gesicht zeigte und immer den rechten Arm vor sich hin streckte, als ob er probieren wolle, ob's regnet.

An die Stubenwand im Elternhaus war kein Hitlerfoto hingenagelt. Überm Sofa hing schon ein großes Schwarzwaldmotiv in schwarzgoldenem Rahmen, ölgemalt von Mutters oberländischem Onkel, der

Kunstmaler war und auch Kirchen ausschmückte. Ein Hitlerbild wäre dem ehemaligen Nelkenträger Christian nie auf die Tapete gekommen, abgesehen davon, daß es neben das Haus im Schwarzwäldertal gepaßt hätte wie's Füdle auf den Eimer.

Am Nachmittag um die dritte Stunde begann in der Stadt ein aufgeregtes Gewusel. Während sich draußen am Güterbahnhof der groß propagierte Festzug zum 1. Mai formierte, ordneten sich die Zuschauer zum Spalier an den Umzugsstraßen, die bald schwarz vor lauter Menschen waren. Über ihren Köpfen wedelten ellenlange rote Fahnen mit einem verbogenen schwarzen Kreuz auf einem weißen Pfannenkuchen. Wegen so eines dreifarbigen Fetzens war der Vater von Fritz schon morgens mit einem eng benachbarten Volksgenossen zusammengestoßen. Der kam ihm gerade geschliffen. Hatte der den ohnehin nicht mailich gestimmten Stane doch angeraunzt: „Henk au a Fah' naus!" – „Henkse doch selber naus!", schoß der Christian hämisch zurück, wohl wissend, daß der Bühneladen des Mitbürgers zum Hinterhof und nicht zur offenen Gasse hinausging.

In den girlandenverzierten Straßen sausten Ordnungsmänner der Partei herum wie der Furz in der Laterne. Sie hatten es wichtig, wiesen die Volksgenossen ein, damit sie ja ein ordentliches Spalier bildeten. Die Aufgereihten mußten noch eine gute Weile warten, bis der Mai-Umzug vom Güterbahnhof über die Blaue Brücke in die Stadt hereinkam. Unzählige Mitläufer zu Fuß, zu Pferd, auf allerhand Vehikeln und eigens gezimmerten Festwagen, die fast die elektrischen Leitungen streiften, walzten durch die Friedrichstraße auf die Neckarbrücke, passierten den gußeisernen Grafen Eberhard in seinem halboffenen Steinhäuschen und tauchten zwischen Uhlandhaus und „Barbarino" in die Schlucht der Adolf-Hitler-Straße ein, die vordem Mühlstraße geheißen hatte. Über den leicht buckeligen Hindenburgplatz gekrochen, nahm die Schlange den Weg durch die bolzgerade Wilhelmstraße, vorbei an Reithaus und Tennisplatz, schlüpfte noch vor der Lustnauer Allee nach links in die Melanchthonstraße hinein, um in der Hölderlinstraße herauszukommen.

Christian Holders Milchauto, das an jenem verfluchten 1. Mai gegen Wunsch und Willen seines Halters in der Parade mitrollte.

In der Rümelinstraße beim Oberamt, wo der Landrat Geißler wohnte, sah Fritz seinen Vater im Milchauto vorbeifahren. Er hatte ein narretes Gesicht, schaute über die zweiflügelige Kühlerhaube geradeaus und merkte nicht, wie ihm der Sohn mit einem Papierfähnle zuwinkte, das er unterwegs geschenkt bekommen hatte. Langsam verschwand der Vater im Konvoi, der bei der Bäckerei Roser übers Ammerbrückle weiterrollte, als sollte es durch die Schmiedtorstraße geradewegs in die Altstadt hineingehen. Aber ein schroffer Linksschwenk brachte den Zug in die Grabenstraße, Gruppe um Gruppe, Gefährt um Gefährt schob sich an der Ortskrankenkasse um die Ecke zum Hindenburgplatz, und von da an ging es bergab, dem Ende zu – durch die alte Mühlstraße zum Postplatz, wo ja sonst zur Sommerszeit im Zirkuszelt die Affen und die Esel tanzten.

Auf dem Karussellplatz wurden die Festzugswagen im Halbkreis aufgestellt, davor postierten sich die Marschblöcke der Partei in ihren braunen Kostümen. In der Mitte war ein großer Holzstoß aufgeschichtet, den uniformierte Zündler in Brand stecken durften. Während die Holzprügel in Flammen aufgingen, schmetterten die Volksgenossen nocheinmal „Der Mai ist gekommen", daß sich der Liedautor Emanuel Geibel wie ein Ventilator im Grab herumdrehte.

Dieser 1. Mai wollte nicht enden. Kaum war auf dem Zirkusgelände der Markt verlaufen, fing in zahlreichen Lokalen ein allgemeiner Maitanz an. Die Schieberei war erlaubt, ja fast befohlen, gehörte sie doch zum offiziellen Parteiprogramm des Tages. Nachdem das Auto ohne Dekoration glücklich wieder in der Garage stand, ging Fritzens Vater nicht mehr aus dem Haus. „Tanze dät mr grad noh fehle, i ka heut koine Leut meh sehe", bruddelte er, ging die Stiege hinab, lupfte die Kellerfalle und förderte ein Krügle Most, um seine Wut hinunterzuspülen.

Rauhe Zärtlichkeit

Nachwort von Hermann Bausinger

Früher schrieben nur die von der oberen Stadt über die untere, und lange Zeit fielen diese Beschreibungen recht unfreundlich aus. Die Bewohner der unteren Stadt seien „von keiner Cultur beleckt", konstatierte vor etwas mehr als hundert Jahren ein kritischer Beobachter der württembergischen Verhältnisse. Da er aus Norddeutschland kam und dies auf dem Titelblatt seines Buchs ausdrücklich vermerkte, wiesen die Schwaben die meisten seiner Attacken ohne jede Diskussion zurück, aber die Charakteristik der kulturlosen Tübinger wurde – auch in Tübingen selbst – immer wieder abgeschrieben oder variiert, und sie galt nicht als Übertreibung, sondern als Tatsachenfeststellung. Ein vollständiges Bild von der unteren Stadt konnten sich die Akademiker und die anderen wohlhabenden Bürger schon deshalb nicht machen, weil sie dort nur höchst selten auftauchten. Isolde Kurz sah obere und untere Stadt wie durch einen unsichtbaren Stachelzaun getrennt; und dem Königlich statistisch-topographischen Büro genügte nicht einmal der Vergleich mit der chinesischen Mauer – es sei, so hieß es in der amtlichen Beschreibung von 1867, als erhebe sich zwischen der unteren und der oberen Stadt ein breites Hochgebirge. Wenn sich aber doch einmal ein Kopfarbeiter in die Niederungen der Ammerquartiere verirrte, dann stach ihm tatsächlich all das in die Augen und in die Nase, was die bürgerliche Zivilisation hinter sich gelassen hatte. Die Bewohner der kleinen verwinkelten Häuser machten keine Miene, den „besseren Leuten" nachzueifern. Ihre einfache Lebensweise, ihre derben Umgangsformen, ihre herbe Sprache – das war nicht nur Unvermögen, das wurde auch für sie selbst zum Markenzeichen: von keiner Kultur beleckt...
Berechnung war das nicht, eher Dickköpfigkeit, welche vermeintliche Mängel selbstbewußt in Vorzüge ummünzte. Aber nachträglich erwies es

sich auch als recht erfolgreiche Strategie. Allmählich änderte sich nämlich die Einstellung gegenüber der Unterstadt. Isolde Kurz sprach 1908 von den „malerischen Schmutzwinkeln". Malerisch – immerhin. Wenig später wurden tatsächliche oder angebliche Aussprüche der Tübinger Weingärtner als „Gôgenwitze" veröffentlicht. Was lange als unkultiviert mit negativem Vorzeichen gegolten hatte, wurde jetzt als vitaler Ausdruck eines elementaren Lebensgefühls verstanden. Die vornehmen Leute geilten sich an Schimpfwörtern und derben Redensarten auf, die sie ihren Kindern bei Strafe verboten hätten; und immer öfter rutschten in die Charakterisierung der Gôgen Wörter wie ursprünglich, urtümlich, Urgestein. Die Spannungen waren damit nicht beseitigt; aber die ‚Oberen' hatten ihr Klischee, und die ‚Unteren' gaben sich weithin damit zufrieden.

Aufgebrochen wurde diese sterile Allianz erst spät. In wissenschaftlichen Darstellungen wurde nun die besondere Art der Menschen aus der unteren Stadt aus wirtschaftlichen und sozialpolitischen Zusammenhängen abgeleitet, ohne distanzierte Werturteile, aber auch ohne Anbiederung. Und diese Menschen selbst akzeptierten die nüchterne Perspektive – der Band „Das andere Tübingen", vom Ludwig-Uhland-Institut zum Universitätsjubiläum 1977 veröffentlicht, steht auch bei vielen Bewohnern und ehemaligen Bewohnern der unteren Stadt im Regal. Er trägt den programmatischen Untertitel: „Kultur und Lebensweise der unteren Stadt". Also doch Kultur, wenn auch eine andere als die des gehobenen Bürgertums.

Die Erinnerungen von Fritz Holder sind nicht nur eine Beschreibung, sondern auch ein Ausdruck dieser Kultur. Hier spricht – zum erstenmal – einer, der in der unteren Stadt aufgewachsen ist und der sie bis zuletzt als seine Heimat angesehen hat. Was er mitteilt, sind persönliche Erfahrungen, ohne Schönfärberei – aber auch ohne die Wüstfärberei, die beim Reden über die Unterstadt lange Zeit üblich war. Auf den ersten flüchtigen Blick könnte es scheinen, auch Fritz Holder bediene die alten Klischees, auch er wolle vor allem die Urwüchsigkeit seiner Vorfahren und Nachbarn zelebrieren – auch seine Skizzen sind Fundorte für derbe Sitten und Redensarten, für ungeschliffene Beschimpfungen und für ausgestorbene Wörter. Aber er liefert nicht losgelöste Zitate, sondern er malt das Bild der kleinen Welt aus, in der Armut und Rückständigkeit, soziale Benachteiligung und alltägliche Not einen Menschenschlag entstehen ließen, der sich Sentimentalitäten nicht leisten konnte.

Sentimentalitäten nicht, Gefühle schon. Bereits am Ende des ersten Erinnerungskapitels taucht das Wort Zärtlichkeit auf. Es ist eine andere, rauhere Zärtlichkeit, die hier angedeutet wird, umstellt und bedrängt von den unerbittlichen Forderungen harter Tagesarbeit – aber doch Zärtlichkeit. Solch rauhe Zärtlichkeit führt auch Fritz Holder die Feder. Er nimmt kein Blatt vor den Mund, er übersieht und übergeht nicht Mängel und dunkle Stellen. Aber er meidet den scheelen Blick und demonstriert, wie borniert es ist, nur auf die Defizite zu starren („von keiner Kultur beleckt"…). Er zeigt, daß die untere Stadt ein eigener Kosmos war. Er schildert die Gassen und Winkel, die spärlich ausgestatteten Wohnungen, die Vielfalt der Gewerbe und Professionen – alles aus der Perspektive des Kindes, dem zwar im „Raupengymnasium", der Uhland- und der Silcherschule, einige elementare Fertigkeiten beigebracht wurden, dessen eigentliches Lernfeld aber die Gasse war, das „verzweigte Geäder" und das muntere Treiben der unteren Stadt. Obwohl Holder bei seinen Schilderungen nie (oder sagen wir vorsichtiger: fast nie) den Weichzeichner benützt, liest man sie mit nostalgischen Gefühlen, beinahe mit Neid. Gewiß, da dringt Rauch und Staub aus den Fenstern, die Maschinen machen schrillen Lärm, und zwischen den Werkstätten, Häusern und Ställen herrscht oft abscheulicher Gestank – aber es ist eine ungemein lebendige, sinnliche Welt, die ein größeres Anregungspotential enthält als die neutralisierte Umgebung, in der die meisten Kinder heute aufwachsen.

Realistisch ist Fritz Holder auch darin, daß er nicht auf jeder Seite von Wengertern, von Weingärtnern spricht. Der Weinbau war in seiner Jugend längst zu einem nicht allzu ergiebigen Nebengeschäft geworden; viele gingen inzwischen zur Arbeit in die Fabrik oder zur Eisenbahn, und im Viertel selbst zählten jetzt die Tätigkeiten im Handwerk und die Geschäfte der kleinen Kaufleute.Und nicht nur im beruflichen Bereich hatten sich die Gewichte verschoben. Fritz Holder erinnert auch an Aktivitäten jenseits der Arbeit, an die Freizeitkultur gewissermaßen

– auch wenn Holder solche hochtrabenden Etikettierungen vermeidet. Die Jungen lernten von den Tätigkeiten der Alten, und ihre Spiele waren großenteils mit der Arbeitswelt der Erwachsenen verknüpft: neugierige Erkundungsgänge von einer Werkstatt zur andern, gewagte Übergriffe auf die Gerätschaften der Großen, erfindungsreicher Umgang mit den Abfällen der Handwerker. Aber es gab auch eine eigene Spielwelt: Wettkämpfe mit „Gluckern", Schießen mit „Käpsele", Indianerkriege, „Fangerles" und „Versteckerles" mit nicht immer salonfähigen Auszählreimen, das von einem mutigen Mädchen angezettelte Doktorlesspiel, das frei improvisierte Hinterhoftheater.

An den Wochenenden öffnete sich die Tür zu den Vergnügungen der Älteren. Manches blieb tabu – so das Kino, in dem die Jungen selbst dann nicht zugelassen worden wären, wenn sie den Eintrittspreis von 50 Pfennigen hätten aufbringen können; sie durften sich nur an den Starfotos in den Schaukästen berauschen. Aber auf die Spaziergänge wurden sie mitgenommen – zum Tierpark an der Bahnhofstraße, zum Rummel hinter der Post, zur „Marquardtei" oder einem anderen der Ausflugslokale, zum Botanischen Garten. Stärkere Eindrücke noch hinterließ bei Fritz Holder später der eigene Garten, an den sich ein größeres Wiesenstück anschloß und wo es nicht nur Obst und Gemüse, sondern auch prächtige Blumenbeete gab. Recht bürgerliche Vergnügen, möchte man meinen, und Fritz Holder hätte wahrscheinlich nicht widersprochen.

Auch wenn er keinen Zweifel darüber aufkommen ließ, daß die von der unteren Stadt grundsätzlich und immer in einer anderen Welt lebten als die in der oberen. Oben und unten waren hier ja nicht nur topographische Angaben, sondern auch soziale Ortsbestimmungen. Die Kinder der Unterstadt kamen nicht im Kreißsaal der Klinik zur Welt, sondern im heimischen Ehebett, und die Wege blieben getrennt. In der Unterstadt lernte man, daß die Leerer (die städtischen Dolenreiniger nämlich) so wichtig sind wie die Lehrer, und gegen den „Grattel", die Einbildung und Herablassung von Professoren und Professorenfrauen pochte man auf die Unentbehrlichkeit der eigenen subalternen Tätigkeiten – nicht umsonst spielt in den Gôgenwitzen die Fäkalienabfuhr (die man allerdings mit weniger desodorierten Ausdrücken belegte) eine zentrale Rolle. Zu den Gegensätzen der Lebensführung kam der politische Gegensatz. In den letzten Kapiteln seiner literarischen Erinnerungsarbeit schildert Holder, wie sich die Rituale und auch die Ideen des Nationalsozialismus durchsetzten. „Viele Tübinger machten ihr Maul auf – aber nur zum Mailiedersingen" im Rahmen der offiziellen Feier. In der unteren Stadt krochen nicht alle zu Kreuze, auch nicht zum Hakenkreuz. Dort konzentrierten sich die wenigen Nein-Stimmen gegen Hitler; dort sprach man, wenn man unter sich war, spöttisch über die Parteigrößen. In hilfloser Ironie – in den Maiumzug mußte sich, in schweigender Wut, auch der Vater mit seinem Milchauto einreihen.

Es war – Fritz Holder läßt daran keinen Zweifel – eine andere, eine eigene Welt, in der man in der Unterstadt lebte. Aber hermetisch geschlossen war sie nicht. Das „breite Hochgebirge" zwischen Ober- und Unterstadt war ein wenig flacher und kleiner geworden. Ganz undurchdringlich war es übrigens nie gewesen; das zeigen schon die vielen französischen Fremdwörter, die über die oberen Gesellschaftsschichten auch in die Sprache der Unterschicht Eingang gefunden hatten und die auch Holder als Merkmale des Raupendialekts herausstellte. Aber es liegt auf der Hand, daß erst die modernen Formen technisierter Arbeit und die Angebote der Medien und der Freizeitindustrie die zwei Kulturen stärker einander angenähert haben. Fritz Holder selbst war ein Beispiel dafür, daß es eine Verbindung gab: Er schaffte sich über den anspruchsvollen Beruf des Schriftsetzers zum Journalisten hinauf und ging als solcher auch mit Dingen und Problemen um, die ganz und gar nicht provinziell waren. Daheim aber war und blieb er in der unteren Stadt.

In einem der schwäbischen Versbände von Fritz Holder findet sich das Gedicht „Dr Holder ond dr Hölderlin". Eine anmaßende und peinliche Kombination? Nicht, wenn man das Gedicht liest. Bei der Namensverwandtschaft lag es nahe, über die Beziehung nachzudenken; wahrscheinlich wußte Fritz Holder auch, daß Justinus Kerner in seinen „Reiseschatten" den „wahnsinnigen Dichter Holder" auftreten läßt und daß sich hinter dieser Figur Hölderlin verbirgt. Hölderlin ist nun einmal nichts anderes als die Verkleinerung von Holder. Aber Fritz Holder ging nicht darauf aus, den Namensverwandten klein zu machen, um sich neben ihn stellen zu können. Während der eine, Hölderlin, in seiner Dichtung die Freiheit besungen hat, besingt sie der andere, Holder, nur als Tenor im Volkschor, heißt es in dem Gedicht. Im Stadtfriedhof, in der Abteilung H, glaubte Fritz Holder freilich mit Hölderlin zusammen zu kommen – eine Hoffnung, die vereitelt wurde durch den dubiosen Plan, aus dem lebendigen Friedhof einen wahrscheinlich ziemlich toten Park zu machen. Nein, ein Hölderlin war er nicht. In dem Nachlaßwerk „Geliebtes Pflaster" erweist er sich zunächst einmal als getreulicher Chronist, dem es gelingt, die Konturen einer teils versunkenen, teils versinkenden kleinen Welt festzuhalten. Aber daß und wie ihm das gelingt, beweist sprachliche Sensibilität und poetisches Vermögen. Er achtet darauf, daß seine Darstellung habhaft und handfest bleibt; das Wörtchen räs, mit dem er gerne Menschen und Dinge charakterisiert, bezieht er auch auf seine Dichtung. Doch er verleugnet auch nicht die Lust an Farbnuancen, an der liebevoll ausgemalten Miniatur, an hübschen Sprachbildern: Die spitzen Giebel, „die sich zum Schwätzen und Erzählen einander zuneigten", oder: „Die Bachgasse, die von der Schmiedtorstraße aus ihren Lauf zielstrebig ostwärts in Richtung von Fritz Beckerts Wirtschaft ‚zum Gutenberg' nahm, sich aber kurz vor der Langen Gasse besann und einen bußfertigen Schlenker auf die Johanneskirche in der Froschgasse zu machte"… Das ist poetisch, und es ist genau.

Als Fritz Holder an seinem ersten Hörspiel arbeitete, sprach er gegenüber dem ihn betreuenden Redakteur des Südwestfunks von der Schwierigkeit, so zu schreiben, „daß es tuet wie verzählt". In den Skizzen seines Erinnerungsbüchleins tut es wie verzählt. Und zwar nicht, indem er das mündliche Erzählen kopiert – das wird schon daran deutlich, daß er nirgends das Perfekt verwendet, das im Schwäbischen die gängige Zeitform der Erzählung ist, sondern die einfache Vergangenheit. Es tut wie verzählt, weil er auch in der geschriebenen Sprache ganz nahe bei den Dingen, den Ereignissen und den Menschen bleibt, sachlich, ohne Wortgeklingel, aber in freundlicher Zuwendung: Rauhe Zärtlichkeit.